JN111559

世界一やさしい IPO投資の教科書1年生

カブスル

はじめに

私は2005年にIPO投資をはじめたIPO投資歴18年の投資家です。

一家でローリスクで取り組めるIPO投資を行っており、これまでIPOに138回当選し、1720万円の利益を得ています。

本書では投資初心者や未経験者でも、簡単にそしてローリスクで取り組めるIPO投資について、世界一やさしく解説しています。

2024年1月からはじまる新NISAは、現行NISAで課題とされていた点が大幅に見直されます。

● 年間投資枠が120万円から240万円に！（IPOにたくさん申込める！）
● 成長投資枠とつみたて投資枠が併用化に！（積立投資しながら、IPOに申込める！）

IPO投資においてはこの二点の改善が重要で、新NISAでは積立投資をしながら、IPO投資ができるので、守りの投資と攻めの投資、両方に新NISAを活用できます。

ローリスクで取り組めるIPO投資と、IPO投資による利益にかかる税金が非課税（ゼロ）となるNISA制度は非常に相性が良いです。

運次第で、大きな利益を得る可能性があるIPO投資を説明していますので、是非参考にしてください。

目次

1時限目 まるで宝くじ!? IPO投資の基礎知識

2時限目 IPOの流れと投資の始め方

3時限目 証券会社の口座を開設する方法

4時限目 IPO株を購入する手順をみてみよう

5時限目 IPO株の売却方法と注意点

6時限目 IPOの当選確率を上げるコツ

7時限目 IPO投資でよくある質問

0時限目

株式投資とは？資産運用の必要性を知ろう！

01 株式投資の魅力とは

1 株を安く買い高く売って差額を得る

株式投資は、**株を安く買って高く売ることにより、売買の差額の利益を得ることができます**。

企業が成長し業績が向上すると、その企業の株価が上昇することが一般的です。投資家は株価が上昇したタイミングで株を売却することで、利益を得ることができます。

本書で紹介する**ＩＰＯ投資**も、株の売買の差額により利益を得る株式投資の一つです。上場前の割安な株を買い、投資家の注目が集まる上場後に売却することで利益を得やすい投資です。

なお、売買の差額により利益を得ることを「**キャピタルゲイン**」

と呼び、株を保有していることにより得られる配当金や株主優待のことを「**インカムゲイン**」と呼びます。

キャピタルゲイン…売却益
インカムゲイン…配当金・株主優待

2 配当利回りは、預金金利の1000倍

配当金とは、会社が利益を得たときにその一部を株主に分配するお金のことです。定期的に、年に1～2回行われるのが一般的で、安定した収益を得るための方法の一つです。

配当利回りとは、配当金のお得度を示す指標で、高いほどお得です。日経平均採用銘柄の平均配当利回りは2・1%※です。ゆうちょ銀行の定期預金の預金金利は0・002%なので、金利だけでいうとその差は1000倍になります。

株式投資は株価の下落というリスクがあり、単純な数値の比較はできませんが、**資産運用において魅力的であることは確かです。**

※2023年4月23日現在

株価に対し、**配当金が多く出る高配当株は個人投資家に人気があります**。

ゆうちょ銀行の定期預金の預金金利は0・002％で、100万円の定期預金でもらえる利子は年20円なのに、株を購入すると5％の配当金で年5000円をもらえるのも株式投資の面白いところだと個人的に思っています。

複利効果を狙う

株式投資は運用で得た収益を再び投資に回すことで、複利効果により資産が増えやすくなります。

配当金目当ての投資家さん

配当利回りとは？

$$配当利回り(\%) = \frac{1株あたりの配当額}{株価} \times 100$$

株価が安くて、配当が多いと配当利回りは高くなるよ！

● 有名企業の株価と1株あたりの配当金、株価（2023年6月14日）

企業名	配当利回り	1株あたりの配当金	株価
日本郵政（6178）	4.98％	50円	1,008円
ゆうちょ銀行（7182）	4.57％	50円	1,093円
キャノン（7751）	3.31％	120円	3,606円
KDDI（9433）	3.26％	140円	4,519円
ローソン（2651）	3.22％	200円	6,231円

の中には、もらった配当金で持ち株を追加購入し、年間でもらえる配当金を徐々に増やしていく方もいます。

3 もらって嬉しい株主優待

株主優待とは、株式を保有している株主に対して、商品券やお食事券、遊園地の無料入場券などの特典を提供する株主還元策です。

上場企業の3割以上が株主優待を発行しており、各発行企業によって優待の内容は異なり、選ぶ楽しさもあります。株主優待ファンは個人投資家に多く、株主優待をもらいたいがために株式投資を始める方もいます。

4 誰でもはじめは初心者

私も今でこそ株式投資歴19年ですが、19年前は「株で損したらどうしよう？」と悩む初心者でした。

株式投資と聞くと「難しい、損しそう…」というイメー

● 複利と単利の違い

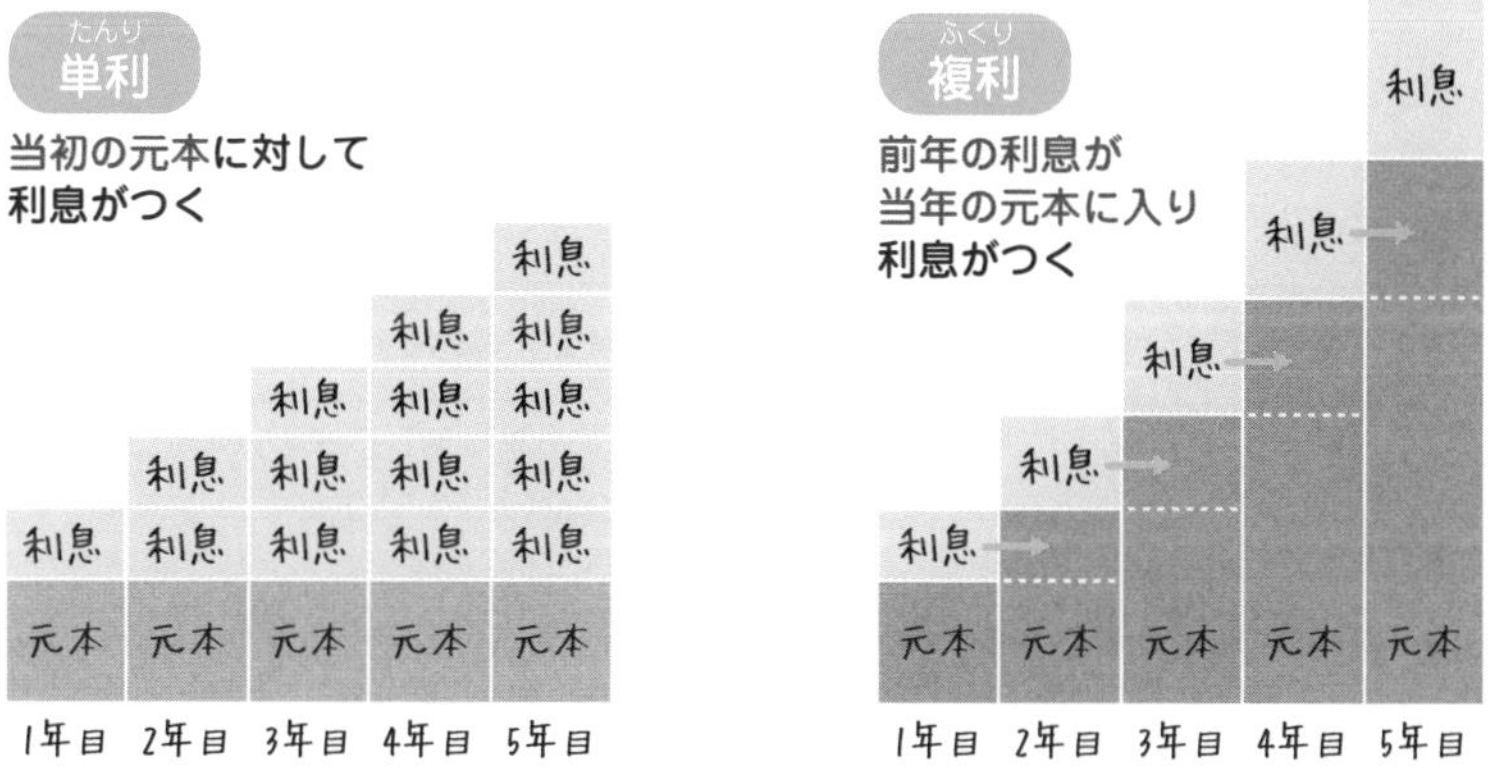

単利（たんり）
当初の元本に対して
利息がつく
利息
元本
1年目
2年目
3年目
4年目
5年目

複利（ふくり）
前年の利息が
当年の元本に入り
利息がつく
利息
元本
1年目
2年目
3年目
4年目
5年目

ジがあるかもしれませんが、無茶な目標を立てなければ、損失リスクはぐっと小さくなります。

実際、私の最低限の投資目標は「**銀行金利より良い利回りを目指すこと**」です。この現実的な目標により、大損リスクを避けつつ、資産を着実に増やし19年目を迎えています。

5 銀行や保険会社、国も株式投資を行っている

国や保険会社、銀行も株式投資を行っています。これは、資産運用の一環として、お金をより効果的に増やすためです。

株式投資は、**長期的にみれば経済成長とともに収益を上げる可能性が高く、物価上昇のリスクにも対応**でき彼らにとって魅力的な手段です。

もちろんリスクもありますが、適切なリスク管理を行いながら投資を行うことで、安定した資産運用が可能となります。

投資初心者にとっても、株式投資は身近な存在であり、適切な知識とリスク管理を身につければ、資産運用の一つの手段として活用できます。

● 人気の株主優待

企業名	株主優待
日本マクドナルド（2702）	ハンバーガーやドリンクなどの優待食事券
オリエンタルランド（4661）	ディズニーランド1Dayパスポート券
イオン（8267）	買い物が3〜7%安くなる株主優待カード
ファンケル（4921）	3,000円相当の自社化粧品
タカラトミー（7867）	株主優待限定の自社商品

02 「貯金から投資へ」を考える時代

1 銀行の預金金利は超低金利時代

銀行に預けると支払われる預金金利は超低金利時代です。ゆうちょ銀行の通常預金金利は０・００１％。１００万円を1年間預けた場合につく通常預金の利子はわずか10円です。10年間の定期預金でも一年間に20円しか利子は増えません。

銀行の預金金利は、次のページにある図の通り、下がる一方です。

ゆうちょ銀行のＡＴＭの手数料は利用場所と時間帯により無料~３３０円なので、預金している金額やＡＴＭの利用状況によっては、資産は増えるどころか減る可能性もあります。

超低金利時代の現代では、銀行の預金金利だけで資産を守ろうとしても、

● ゆうちょ銀行の金利

ゆうちょ銀行	預金金利	100万円を1年間預けてつく利子
通常貯蓄貯金	0.001%	10円
定額貯金（10年間）	0.002%	20円

とても守り切れません。

2 インフレにより物価が上昇。何もしないと資産は減少していく

「インフレ」とは物価が全体的に上昇する現象です。

実は、私たちの身近な生活にも大きな影響を与えています。例えば、スーパーでの買い物、外食費、燃料、電気代の高騰などです。

仮に、物価が2％上昇し食料品や光熱費などの支出が増えるとします。

一方、給与などの収入が物価上昇に追いついて2％以上、上昇しない場合、使える資産は徐々に減少していきます。

しかし、現実的には、すぐに給与が上がることを期待するのは難しいです。

例えば、100万円で購入できた車がインフレによって、20年後に150万円になったとします。現時

● 銀行の預金金利の推移

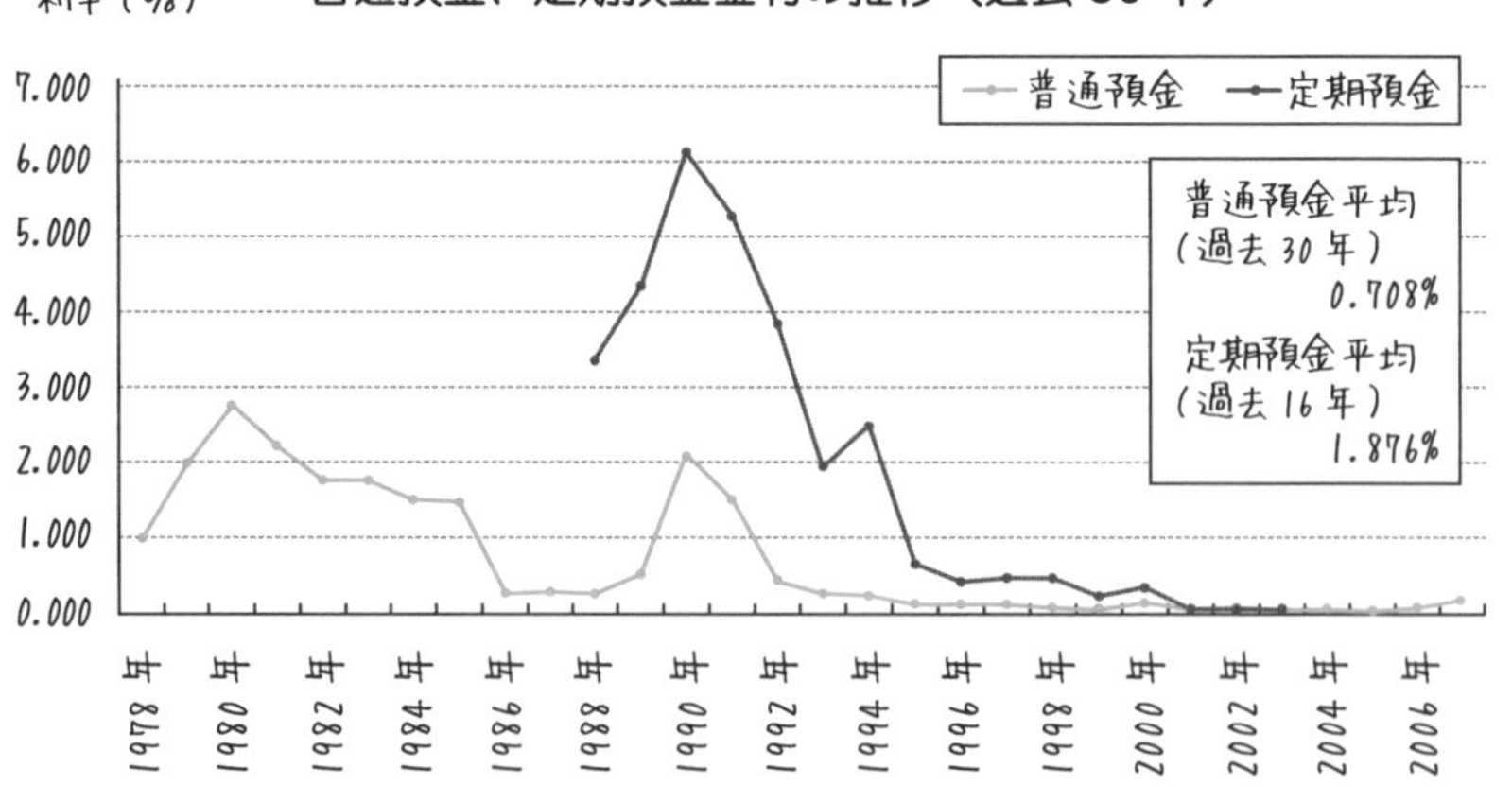

点の100万円は車を買える100万円ですが、20年後の100万円は車を買えない100万円になっているかもしれません。

3 株式投資はインフレに強い金融商品

企業の収益が増えると株価も上昇する可能性があり、株式は企業の実質資産に連動しているため、**物価上昇に対して株式の価値はインフレの影響を受けにくい**とされています。

余裕資金の一部を株式投資に回すのは、インフレ対策として個人的にお勧めです。

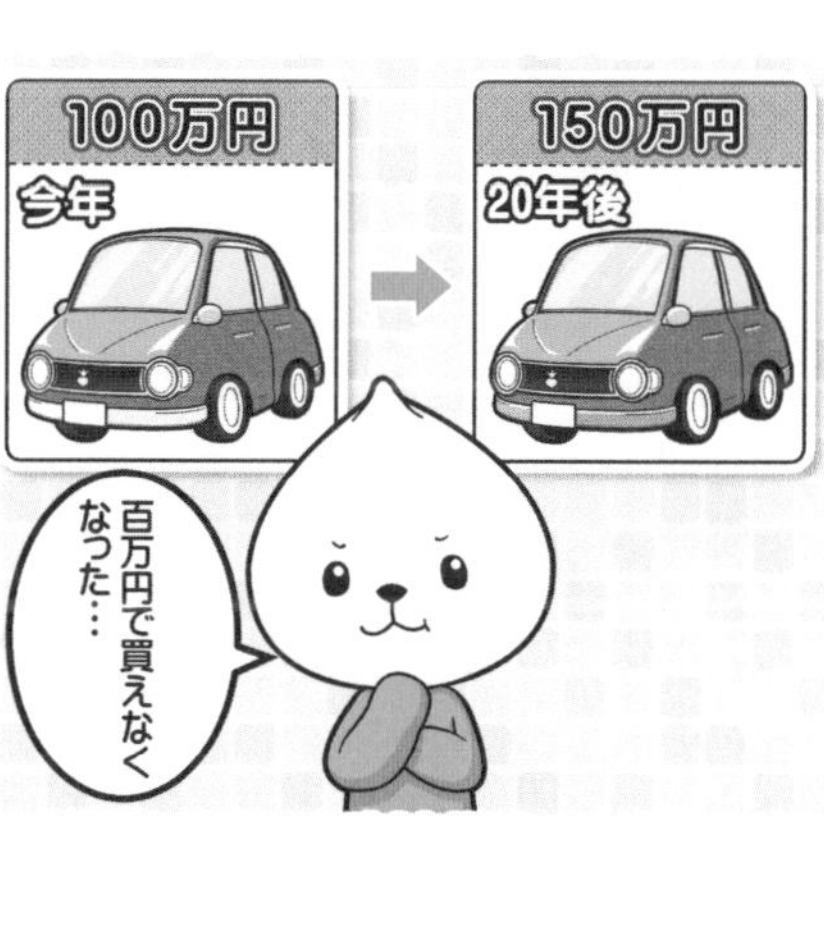

4 老後の資産づくりに資産運用が必要な時代に

2019年5月に金融庁の審議会が「人生100年時代の資産形成」についてまとめた報告書案を作成しました。

報告書の中には、「夫婦で95歳まで生活すると、年金のほかに2000万円の貯蓄が必要」という内容があり、国民に動揺が走りました。

いわゆる「老後２０００万円問題」として炎上し、ワイドショーなどでも取り上げられました。

簡単に説明すると、各個人に合わせた目標金額を定めて老後に備えましょうと提言した報告書でした。35歳から貯金を始め、65歳で定年すると仮定して、２０００万円貯めようと思うと、毎月いくら貯金する必要があるのか試算してみます。

金利を無視してタンス預金したとします。

2000万円÷30年÷12ヶ月＝5・6万円／月

タンス預金だけだと毎月、５・６万円の貯金が必要という計算結果になりました。

次に、普通預金にお金を入れていき、利回り０・００１％で運用したときを計算すると、５・５６万円／月となり月に４００円ほど貯金の負担が減りました。ただ、これでも結構な金額です。

● 預金（利回り 0.001%）で 2000 万円を貯めるときの金額推移と運用収益

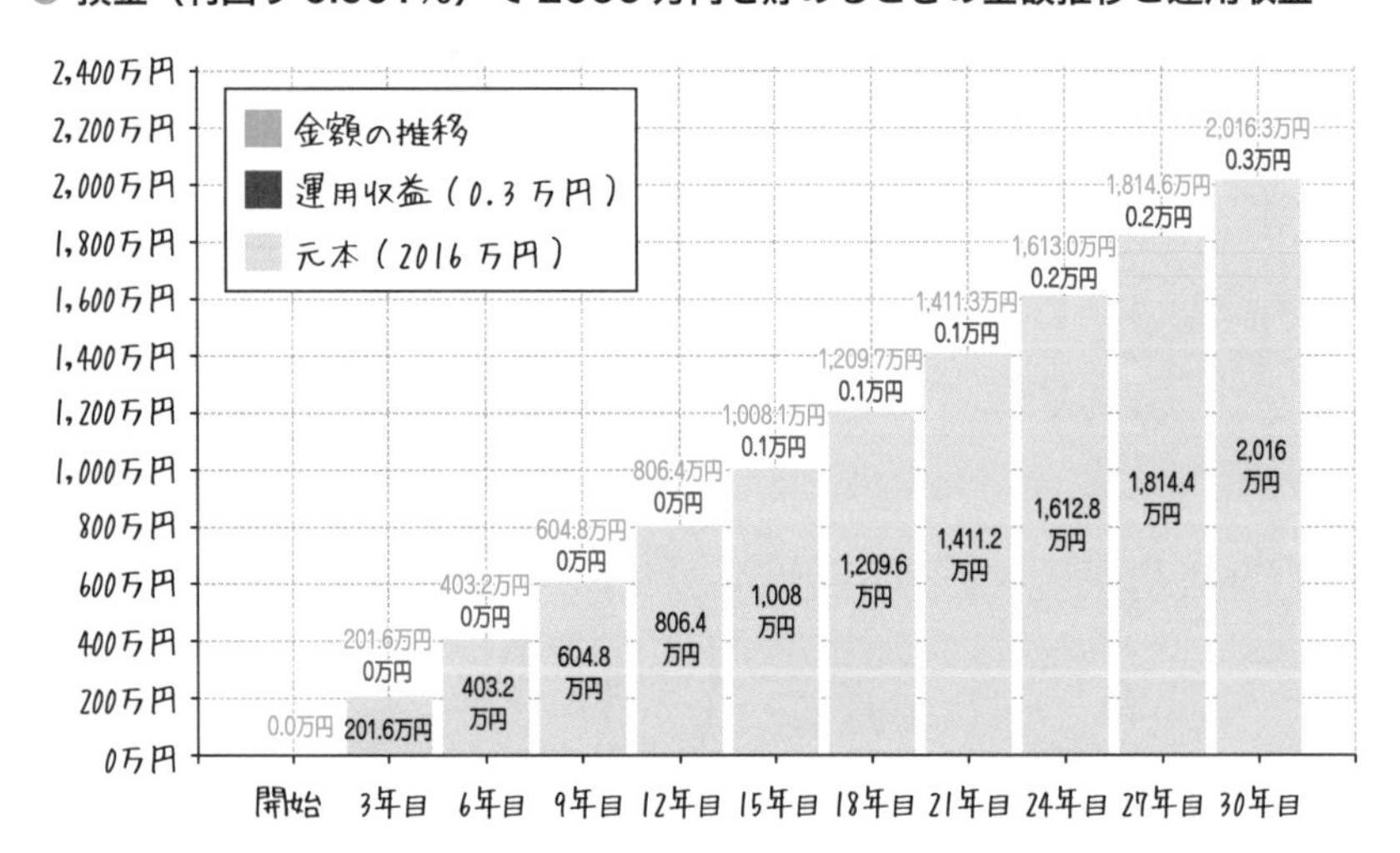

最後に、株式投資の平均配当利回りである2・1％で計算してみます。

すると、4万円／月となり、月々の積立額がタンス預金と比べて1・6万円も安くなりました。

このシミュレーションから、老後資金を貯めるうえでも株式投資をうまく活用できるかどうかで、大きな差が出ることがわかります。

なお、この提言は2019年時点のものですから、インフレが進んでいる現在では老後に必要な資金はさらに増えそうです。

● 株式投資（利回り2.1％）で2000万円を貯めるときの金額推移と運用収益

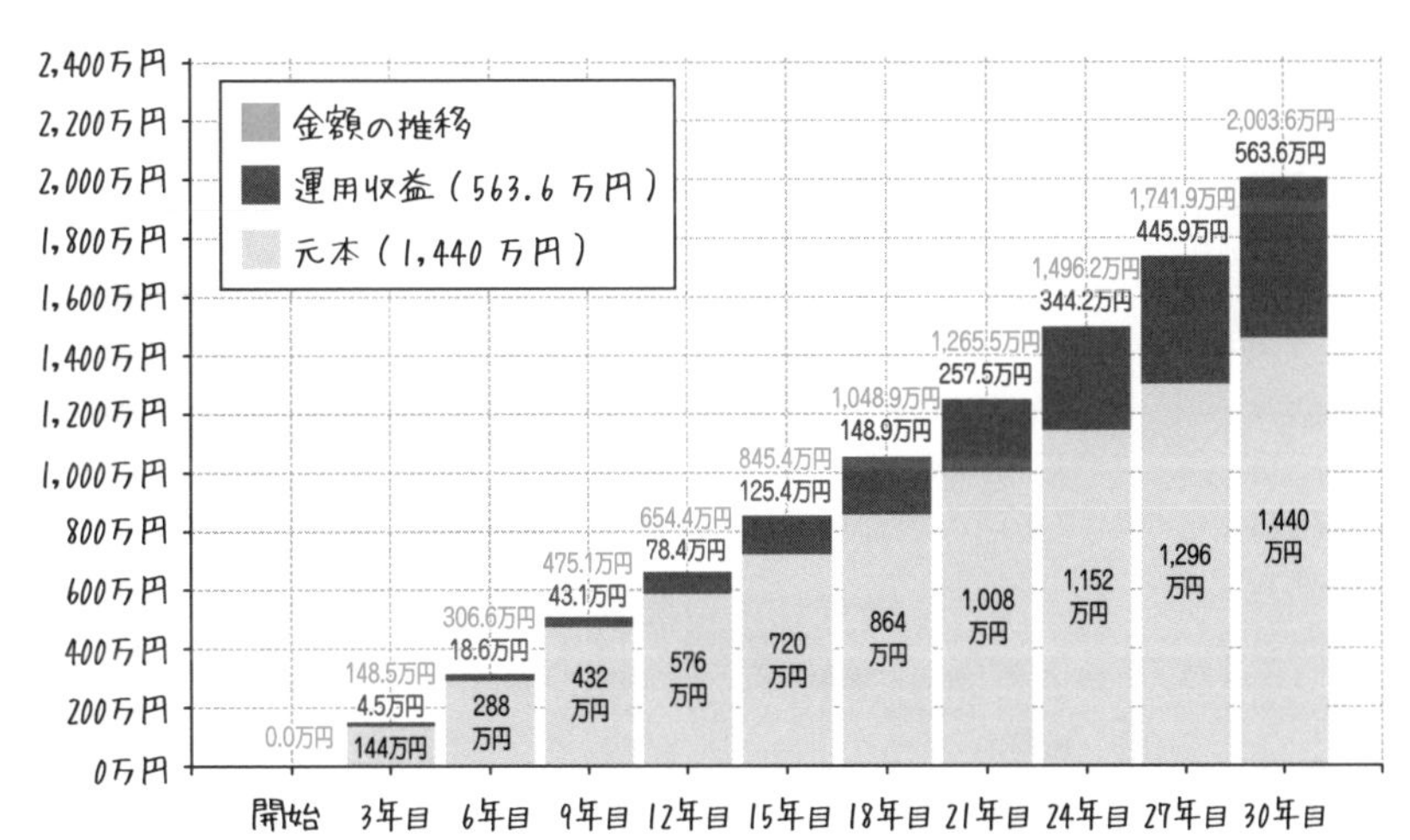

Episode 1

昔は預金するだけで老後の資金をつくれた

現代は超低金利時代ですが、1980 年代末期から 1990 年代初頭は普通預金金利が5～6%もありました。100 万円を金利 5%で 1 年間預けると、利子は 5 万円です。

現代の金利 0.001%では 10 円しか利子がつかないので、その差は歴然です。

22 ページで紹介した例のように、金利 5%で老後に 2,000 万円を貯めるには、簡単に計算して、月 2.4 万円ずつ積み立てていけば 30 年でクリアすることができます。

30 年後の利子は、1,138 万円にもなり元金以上の金額になります。

こういう状況だったのは、バブルが弾けるまでの 20 年ほどですが、コツコツ預金しておくだけで老後の資産がつくれたんです。うらやましいですね。

日本は、諸外国に比べて金融リテラシーが低い、投資アレルギー、金融資産の中で預貯金の割合が高いと言われていますが、こういった高金利時代があったのも一因です。

しかし、このような時代がもう一度来るのを待っていても、自分の資産は増えません。適切なリスク分散をしつつ、資産を守り、増やす方法を学んでいきましょう。

● 金利 5%の預金の増え方

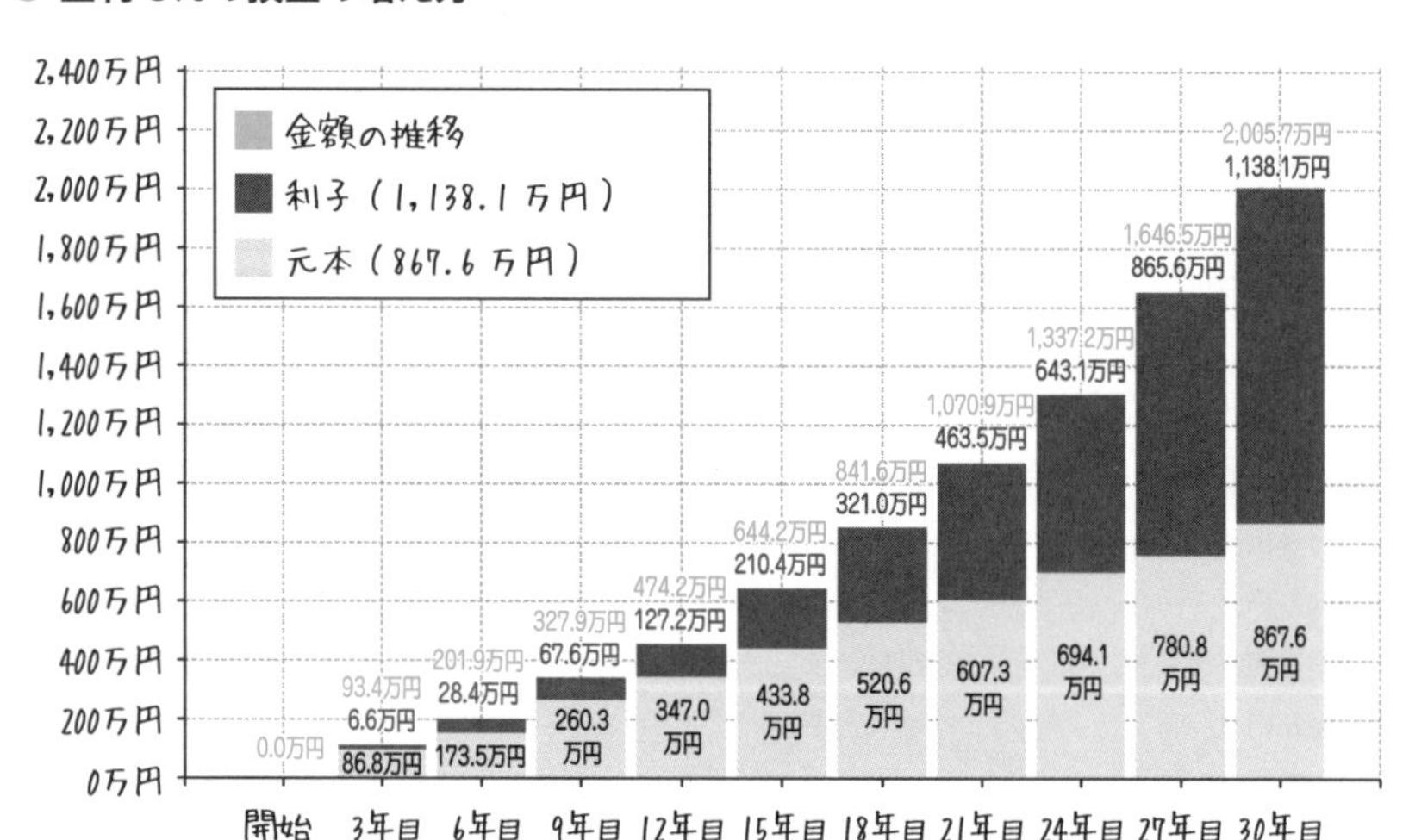

1時限目

まるで宝くじ!? ＩＰＯ投資の基礎知識

01 IPOとは？

1 IPOとは企業が上場し市場に株式を公開すること

IPOは「Initial Public Offering」の略で、日本語では「**新規株式公開**」と呼ばれています。未上場の企業が初めて株式市場に上場して、一般の投資家に株式を売り出し、事業資金を調達します。調達した多額の資金は、事業拡大のために設備投資や人件費、負債の返済などさまざまな用途に活用されます。

ＩＰＯは、私たちになじみ深い言葉に言い換えると「**上場**」になります。

ＩＰＯという言葉は聞き慣れなくても、上場という言葉はニュースなどで聞いたことがあるのではないでしょうか？　○○の企業が上場しますというニュースは、○○の企業がＩＰＯを行うということとほぼ同義です。

はじめて上場する
企業の株を
買うことを
IPO投資というよ

上場することで株式が公開され、証券会社を通じて株式を売買することが可能になります。

2 毎年、100社前後の企業が新規に上場している

2022年は91社、2021年は125社の企業が株式市場に上場しました。

2023年4月にはネット銀行の「楽天銀行」、2022年12月には、メディアプラットフォームを運営している「note」、久世福商店を運営している「サンクゼール」が上場しています。

また、同じ時期に航空会社の「スカイマーク」が上場しました。

スカイマークは2000年に初めて上場しましたが、経営不振により2015年に上場廃止となり、その後、経営を立て直し再び上場を果たしました。

知名度の高い企業だけでなく、創業期間が短く知

● 証券会社は取引所と投資家の仲介

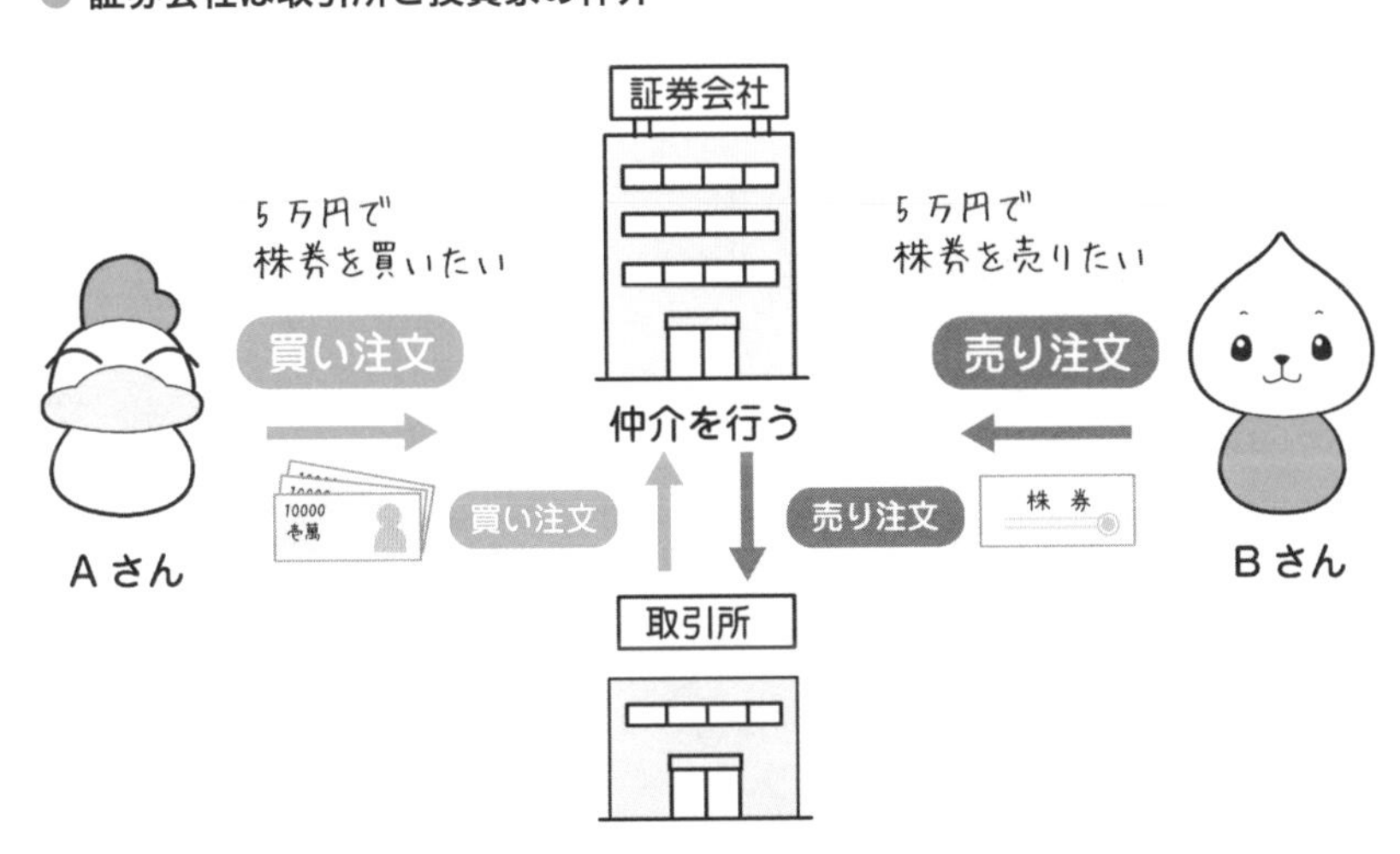

名度はまだ低いものの、新しいアイデアや技術を持ちイノベーションを起こす可能性を秘めたスタートアップ企業や、昭和の時代から創業し地道に日本経済を支えてきた老舗企業も含め、毎年さまざまな企業が上場しています。

上場がニュースになるのは知名度の高いごく一部の企業だけなので、毎年100社前後の企業が上場していることにビックリされている方もいらっしゃるかもしれません。

3 上場前にIPO株を買って上場後に売却する

IPO（上場）により、一般投資家に公開される株を**IPO株**と呼んでいます。

本書で紹介するIPO投資とは、IPOにより公開される**IPO株を上場前に購入し、上場後に売却**することで、売買の差額の利益を得る株式投資のことです。

上場前に購入する**IPO株はディスカウントが入り割安に設定**されています。

割安なため上場後にIPO株を売却することにより、差額の利益を得やすいです。

IPO投資は、割安な株を購入して売却するローリスクの

投資法となります。

4 プライマリー投資とセカンダリー投資

本書でお勧めしているIPO投資は**プライマリー投資**です。

プライマリーとは英語の「primary」からきており、意味は「一次的」です。一方、セカンダリーとは英語の「Secondary」からきており、意味は「二次的」です。

どちらも証券用語ではなく、個人投資家がIPO投資を区別するために、そう呼んでいます。

なお、便宜上、本書でもプライマリー投資と呼んでいますが、ほぼ使われていない用語のため覚える必要はありません。

セカンダリー投資という言葉はよく使われますので覚えておきましょう。

● プライマー投資とセカンダリー投資の違い

	プライマリー投資	セカンダリー投資
購入タイミング	IPO時に幹事証券から割当、または抽選で購入	上場後、誰でも購入可
購入方法	幹事証券から公開株を購入	市場を通じて株を購入
価格の特徴	公開株はディスカウントされており割安で買える可能性が高い	需給で価格が決まるため、価格の乱高下が激しい。公開株より株価が上がっている場合が多い
投資初心者へのおすすめ	ローリスクで誰でもできる。投資未経験者にもおすすめ	ハイリスクで損失リスクが高く、おすすめしない

本書では、ローリスクで投資初心者でも参加しやすいプライマリー投資について説明します。

2時限目で詳しく説明しますが、上場前のディスカウントされたＩＰＯ株を、**幹事証券から公開価格で購入し売却するのがプライマリー投資**です。**セカンダリー投資**は、上場後のＩＰＯ株を売買する**ハイリスク・ハイリターン**の投資法で投資初心者に向いていません。

こちらに関しては４時限目に特徴と注意点を紹介します。

5 プライマリー投資でＩＰＯ株の当選&購入を目指す

ＩＰＯのプライマリー投資は、個人投資家に非常に人気があります。

なぜなら、上場前の株を割安で購入でき、上場後に売却することで利益を得やすいからです。

● **配分ルールと配分の方法**

配分ルール	配分の方法
平等抽選 おすすめ	・口座名義に抽選権が１つ与えられる ・投資資金（抽選資金）の大小に関係なくシステムで公平に抽選が行われる ・運しだいでIPOに当選し購入できるので、おすすめ
口数比例抽選	・一口の応募につき抽選権が１つ与えられる ・応募口数が多いほど当選確率が上がる。つまり、抽選資金が多いほど有利
ステージ制抽選	・預け残高やこれまでに支払った手数料などによりランクが決定。ランクにより抽選による当選確率が変わる
担当者からの割当	・対面型の証券会社が、顧客に対してＩＰＯ株の割当を行う。普段から担当者と取引のお付き合いをし、懇意にしている人が割当をもらいやすい

株式投資である以上、損失リスクもありますがＩＰＯ投資にはその回避方法もあり、**ローリスクで取り組める**のが特徴です。

ＩＰＯにより株式が公開されますが、公開される株の数量はＩＰＯごとに決まっています。「ＩＰＯの公開株式の数量」より、「投資家が購入したいと考える全体の需要数」が多い場合には、投資家全員がＩＰＯ株を購入することができません。ＩＰＯ投資は人気が高いため、ほとんどのＩＰＯで供給される株数よりも買いたい人の株数が上回る傾向にあります。

よって、各証券会社がそれぞれ定めているＩＰＯの配分ルールにより、ＩＰＯ株を手に入れたい一般投資家に対して配分を行います。配分方法は前ページ表の「配分ルールと配分方法」の通りです。

資金力が限られている一般投資家にお勧めしているのは、幹事証券のＷｅｂサイトから申し込み、**平等抽選によって運任せで当選を目指す方法**です。

この抽選で当選した場合に、公開株を公開価格にて購入することができます。

著者の平等抽選による当選回数は94回、ＩＰＯ全体の当選回数は１３８回です。

全体の68・１％を平等抽選による当選が占めており、お勧めの根拠となっています（２０２３年7月13日時点）。

02 IPO投資のメリット

1 誰でも簡単に始めやすい、投資未経験者でもOK

IPO投資のメリットは、運次第で大きな利益を得る可能性があることです。

投資の経験・未経験関係なく**誰でも簡単に参加できて**、必要なのは**抽選に当選する抽選運と申込のコツ**だけです。

著者は2005年からIPOの抽選に参加し、当選&購入、売却を行っており、IPO投資だけで1720万円の大きな利益を得ています。

言い換えると、抽選運だけで大きな利益を手にしています。

本書で紹介している**IPO投資法は3つのステップ**で完了します。

投資経験者、未経験者に関わらず、やることは簡単です。

❶ＩＰＯに参加する
❷抽選で当選したら購入する
❸上場日以降に売却する

運任せで大きな利益を得られるという特徴から、私は「宝クジのようなもの」とよく例えています（実際には全く違いますが、イメージを掴んでもらうために）。

2時限目でＩＰＯ投資の流れを詳しくご紹介しますが、きっと、簡単に始めやすいというのをご理解いただけるのではないか？　と思っています。

また、宝クジは抽選に外れると購入した分が損失となりますが、本書で紹介している**ＩＰＯ投資は抽選に外れても一切、損はしません。**

2　ＩＰＯ投資は株式投資、安く買って高く売れば利益に

ＩＰＯ投資も株式投資の一種で、利益を得る基本的な仕組みは、安く買って高く売ることです。

ＩＰＯ投資は上場前の株を安い価格で買える可能性が高いため、利益が出やすくなります。株式投資では、より安く買えるほど利益を得やすくなり、損失を出す可能性も低くなります。

3　上場前の株はディスカウントされ割安に設定

ＩＰＯ株の価格は、同業他社の業績推移や株価の推移、ＰＥＲやＰＢＲといった指標との比較、また直近の株式市況などを考慮し想定価格を算出し、その価格を基に機関投資家へヒアリングを行い、ブックビルディングの申告結果を経て上場前の公開価格が決定されます。

このとき、**ＩＰＯディスカウントという調整が加わり、適正価格よりも2～3割低い価格に決まります。**ＩＰＯディスカウントとは、公開価格を決定するプロセスにおいて行われるＩＰＯ株

の割引のことです。

新規に上場する企業は、**未知の要素や情報不足が伴うことから、投資家にとってリスクが高くなります**。そのため、企業は株式を割安な価格で提供することで、情報収集能力に劣る投資家の投資意欲を喚起します。

適正とされる価格よりも割安感があるため、IPO株は上場後に上昇しやすくなっています。

4 人気の高いIPO株は購入価格の2倍・3倍以上になることも

上場前のIPO株の価格を「公開価格」、上場後にはじめについた価格を「**初値**（はつね）」と呼びます。この初値が公開価格の何倍になったかを「公開価格と初値の比較」の表にしました。

公開価格で購入し初値で売った場合、2倍以上の価格になったIPO株が全体の2割以上もあり、年によっては4倍、5倍になったIPO株もあります。

● 公開価格と初値の比較

	2022年 全91社	2021年 全125社	2020年 全93社	2019年 全86社	2018年 全90社
2倍以上	14社 (15.4%)	21社 (16.8%)	19社 (20.4%)	25社 (29.1%)	29社 (32.2%)
3倍以上	2社 (2.2%)	3社 (2.4%)	6社 (6.5%)	5社 (5.8%)	5社 (5.6%)
4倍以上		3社 (2.4%)	5社 (5.4%)	1社 (1.2%)	4社 (4.4%)
5倍以上	1社 (1.1%)		9社 (9.7%)		2社 (2.2%)

上場前に購入し上場後にすぐ売るだけで数倍の利益になる可能性があるのが、ＩＰＯ投資の魅力です。また、資金力の大小に当選が左右されない平等抽選により、大きな利益を得るチャンスがあるというのも魅力的です。

著者はエクセルでＩＰＯの当選履歴を管理していますが、最高額は、公開価格の6倍の初値で売却した「価格．ｃｏｍ」です（購入価格45万円、売却価格２７０万円。初値売り利益２５５万円）。

また、２倍以上の初値で売却したケースは累計20社でした（全体の15％）。

5 ＩＰＯの参加だけで費用は発生しない

ＩＰＯ投資は証券会社に口座を開設し、ＩＰＯの抽選資金を用意して、**ブックビルディング（需要申告）に参加**することで、抽選によりＩＰＯ株を公開価格で購入できるようになります。

この一連の流れの中で、**抽選資金**や**購入資金**が必要となりますが、それ以外に手数料など一切発生しません。

抽選前に抽選資金がロックされ、口座から資金を一時引き出せなくなりますが、落選と共にロックが解除され、出金も可能になります。

抽選資金とは、ＩＰＯ株のブックビルディングに参加するのに必要な資金で、ＩＰＯ株の「申込価格×申込株数」になります。

※IPOの当選管理エクセルは運営メディアで無料配布しています。巻末で詳しく紹介。

6 購入資金が10万円あれば全体の3割のＩＰＯに参加できる

ＩＰＯ投資において、用意できる抽選資金は多いほど参加できるＩＰＯが増えますが、少ない資金でもＩＰＯの抽選に参加することは可能です。

２０２２年と２０２1年のＩＰＯにおいて、必要な抽選資金を表にしてみました（下表参照）。

10万円の抽選資金を用意できれば、全体の1〜３割のＩＰＯに参加でき、20万円の抽選資金を用意できれば全体の6〜８割に参加できます。

30万円あれば8〜9割のＩＰＯに参加できます。

２０２２年のＩＰＯのうち、10万円未満の抽選資金で参加できるＩＰＯは31社あり全体の34％です。

この傾向は２０２３年も続いており、執筆している２０２３年7月18日時点においても、全体の21％のＩＰＯに10万円の抽選資金があれば参加できます。

●購入資金別　IPO企業数

	2022年 全91社	2021年 全125社
10万円未満	31社（全体の34%） 平均利益39,903円	14社（全体の11%） 平均利益41,621円
10〜20万円	45社（全体の49%） 平均利益72,849円	62社（全体の50%） 平均利益75,782円
20〜30万円	8社（全体の9%） 平均利益93,688円	32社（全体の26%） 平均利益141,178円

7 口座残高が0円でも抽選できる証券会社もある！

これまで、抽選資金がIPO投資に必要だと説明してきましたが、抽選時点で**抽選資金が必要ない証券会社が徐々に増えつつあります**。

つまり、証券会社の口座への入金がゼロでも、IPOの抽選に参加することができます。

抽選に当選した場合、IPO株の購入資金は必要となりますが、口座への入金がゼロで済むことにより、資金が少なくても複数のIPOに参加することができます。

松井証券やみずほ証券が抽選資金不要の証券会社となります。詳しい解説や該当の証券会社の一覧は、66ページをご覧ください。

03 IPO投資の損失リスクとデメリット

1 IPO投資の損失リスクとは？

IPO投資も株式投資の一種なので、取引による損失リスクがあります。

IPO投資では、IPOを行う企業と同業他社の業績や割安性などの比較を行い、IPOディスカウントにより割安とされた公開価格でIPO株を購入しますが、上場後の株価が公開価格を下回った状態で売却した場合、損失となります。

公開価格より上場後の価格が下回る理由としては、主に次のことが考えられます。

- **株式市況全体が悪く、上場企業の株価が全体的に下落している（ロシアのウクライナ侵攻時の地政学リスクなど）**
- **同業他社の決算が悪い。または大きく株価が下落している**

（同様の事業内容ということで連想され、買い注文が入りづらい）
- **公開価格が割安と感じられなかった**
（買い手に割安と判断されないと買われない）
- **ＩＰＯ市況が悪い**
（ＩＰＯ株の下落が続いている。ＩＰＯが連日行われ投資家の資金が底をついている）
- **ＩＰＯを行う企業や事業内容に人気がない**
（いくら割安でも興味のない商品を買わない）

こういった理由により**公開価格より初値および初値以降の価格が安く推移**することがあります。

この状態で購入したＩＰＯ株を売却すると、高い価格で買い、安い価格で売るので損失となります。

2 損失リスクは回避できる！

ＩＰＯ投資は上場後に投資家に買われることで、購入した公開価格よりも株価が上昇し、ＩＰＯ当選による利益を得られます。

つまり、**人気のあるIPO株は利益が出やすく、人気の低いIPO株は損失リスクが高いといえます。**

IPO初心者はどのIPOが人気となるかわからないと思いますが、私が運営しているWebサイト「庶民のIPO」をはじめ、IPO投資の期待値を五段階評価しているメディアや事業者がいくつかあります。

各メディアごとに評価基準は異なりますが、「庶民のIPO」では初値が公開価格の何倍になりそうかを期待値として五段階評価（S・A・B・C・D）を行っています。

最高評価のS評価では初値が公開価格の2倍以上になることを期待し、A評価では、1・5倍～2倍程度、最低評価のD評価では初値が公開価格を下回る公募割れの恐れがあるとして注意喚起しています。

その評価を参考にすれば、低評価のIPOは参加を見送ることができ、損失リスクを軽減することができます。

こちらについては4時限目で詳しく紹介します。

3 猛者ぞろいのセカンダリー投資には手を出さない

セカンダリー投資とは、IPO株を上場後に売買するハイリスク・ハイリターンの投資法です。

IPO投資を始めると、SNSなどを通じ「セカンダリーで利益を得た、損した」といった言葉が目や耳に入ってきます。

利益を得たという話を聞くと真似したくなりますが、上場後のＩＰＯ株の値動きは上下に非常に激しく動き、投資初心者が売買して同じ結果を出すのは非常に難しいです。

上場後の株取引は初心者だけが参加しているワケではなく、長年、相場に残っている猛者たちも取引しており、ＩＰＯ初心者がセカンダリー投資に手を出すと損失を出しやすいです。

4 ＩＰＯ投資は人気が高く、なかなか当選しないことがデメリット

本書でお勧めしているプライマリー投資は、ローリスクの投資法です。個人投資家に非常に人気があるため、ＩＰＯの供給数より需要数を上回る場合がほとんどです。

一般投資家の場合、抽選による運任せの当選を狙いますが、同様に考える参加者が多いので、当選倍率は高くなります。

ＩＰＯ抽選に参加はできるものの、なかなか当選せずに購入に至らないというのがＩＰＯ投資のデメリットです。

6時限目では、ＩＰＯに138回当選している私が実践するコツや心構えを惜しむことなく公開しています。

04 ＩＰＯする企業とは？

1 資金の調達や知名度ＵＰ、人材獲得が目的

企業が上場する主な理由は**事業資金の調達**になりますが、知名度の低い企業だと、認知度ＵＰや人材獲得が目的で上場を目指す場合もあります。

近年のＩＰＯで知名度の高い企業とＩＰＯの実績は次ページ表の通りです。おそらく、みなさんも企業名は耳にしたことがあるかと思います。

事業資金の調達以外にも、上場により企業としての信頼感や知名度が向上し、優秀な人材の獲得や同業他

● IPOの目的と説明

目的	説明
資金調達	株式を発行して資金を調達し、新しいプロジェクトの開始や事業拡大、負債の返済などに充てる
企業価値の向上	上場により、企業価値が高まることで、取引先や顧客に対して信用力を高める
人材獲得	上場企業はブランド力が向上し、優秀な人材を惹き付けることができる。また、株式報酬を用意することで、人材の確保・定着がしやすくなる

社との差別化などが期待できます。

私自身もＩＰＯにより企業の存在を知り、目新しい事業内容やサービスを知る機会ともなっています。

上場によって知名度が上がると、テレビや雑誌で取り上げられる機会も増えます。

2 東証は上場市場が3種類 それぞれの特徴は？

ＩＰＯのメイン市場である東京証券取引所（東証）のほか、地方市場である札幌証券取引所（札証）、名古屋証券取引所（名証）、福岡証券取引所（福証）の４つの証券取引所があります。

メイン市場の東証は、今まで市場第一部、市場第二部、マザーズ、JASDAQという４つの市場でしたが、２０２２年４月から、**プライム・スタンダード・グロースの3つに分かれています。**

各区分の特徴を次のページの表で紹介します。

● 知名度の高い企業のIPO実績

上場日	会社名	上場前の価格（公開価格）	上場後の価格（初値）	初値売りの利益
2023年4月	楽天銀行	14万円	18.5万円	4.5万円
2023年3月	カバー	7.5万円	17.5万円	10万円
2022年12月	note	3.4万円	5.2万円	1.8万円
2022年6月	ANYCOLOR	15.3万円	48.1万円	32.8万円
2021年3月	ココナラ	12万円	23万円	11万円

ＩＰＯは注目度が高いほど、ＩＰＯ株の初値が高くなる傾向にあります。

事業に新規性があり成長性も高いスタートアップ企業やベンチャー企業が集まる**東証グロース市場**に上場するＩＰＯは投資家の人気が高い企業が多いです。

一方、東証プライム市場は既に企業としては成熟しており、安定的な成長を目指している企業が多数です。また上場後も比較的安定的な値動きになりやすい傾向にあります。

3 スタートアップの新規性はＩＰＯで人気

スタートアップ企業とは、事業でイノベーション（新たな価値）を起こすようなビジネスモデルを持ち、ＩＰＯによる株式公開や公開後のＭ＆Ａによる業容拡大を目指す企業のことです。

２０２３年４月には宇宙スタートアップ企業のispace（アイスペース）が上場しました。月への物資輸送サービスをはじめとした月面開発事業を行っています。

●市場区分

区分	特徴
プライム市場	大型で安定した業績を持つ企業が上場。規模や業績基準が最も厳しい
スタンダード市場	成長性のある中堅企業が上場。基準はプライムより緩やか。一定の規模や業績が求められる
グロース市場	成長性が期待されるスタートアップ企業・ベンチャー企業が上場。規模や基準は緩やか。将来の成長性が重視されるがリスクも高い

その話題性とＩＰＯの内容から初値は公開価格の３・９倍をつけました。上場後も株価が上昇し堅調に推移しています（２０２３年7月時点）。

その他にも上場を期待されているスタートアップ企業は多く、どんな企業が次に上場するのかを考えるのもＩＰＯ投資の楽しみです。

4 身内や知人にもＩＰＯを紹介し家族も当選

株式投資は勧めた相手に損をさせると恨みを買うため、勧めづらい金融商品ですが、著者はＩＰＯ投資を身内や知人に勧めています。なぜなら**お得な情報**だからです。

株式投資をやったことがない70歳過ぎの私の父も、最初は戸惑ったもののＩＰＯに参加し続け利益を得ています。

ＩＰＯ投資はＩＰＯに当選しづらいのがデメリットですが、ごくたまに知名度が高く初値への期待値が高い割に、市場からの調達金額が大きくなり、結果的にＩＰＯの当選数が多いＩＰＯが登場します（個人的にボーナス案件と呼んでいます）。

２０１５年に上場した郵政３社（日本郵政、ゆうちょ銀行、かんぽ生命保険）のＩＰＯは、当選口数が多く、ＩＰＯ投資を勧めていた身内や知人が続々と当選し、利益を手にしたようで、感謝された思い出深いＩＰＯです。

通常のIPOは当選口数が数千～数万口の場合が多いです。大型IPOは当選口数が数十万、数百万口となるので、当選確率が高くなります。

IPO投資は2024年1月から始まる新NISAとも相性が良いローリスクの投資法です。新NISAの活用方法に悩んでいる身内の方がいらっしゃいましたら、是非、本書で紹介しているIPO投資を勧めてみてください。

また、6時限目で詳しく紹介しますが、私の7歳の娘もIPO投資に参加し、これまでに37万円の利益を得ています。

● 大型IPO

上場日	企業	市場からの調達金額 時価総額	当選口数	公開価格 初値	初値売り損益
2018年6月	A メルカリ（4385）	1,306億円 4,059億円	19万口	3,000円 5,000円	20万円
2016年10月	B 九州旅客鉄道（9142）	4,160億円 4,160億円	120万口 （国内）	2,600円 3,100円	5万円
2016年7月	B LINE（3938）	1,328億円 6,929億円	35万口	3,300円 4,900円	16万円
2015年11月	C 日本郵政（6178）	6,930億円 6.3兆円	495万口	1,400円 1,631円	23,100円
2015年11月	B ゆうちょ銀行（7182）	5,980億円 6.5兆円	412万口	1,450円 1,680円	23,000円
2015年11月	B かんぽ生命保険（7181）	1,452億円 1.3兆円	66万口	2,200円 2,929円	72,900円

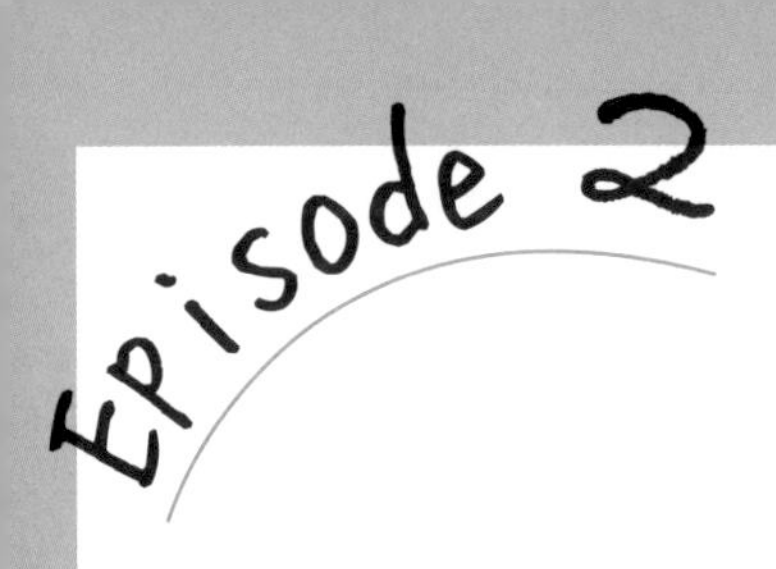

10倍以上の初値をつけた伝説のＩＰＯ株たち

2020年９月に東証マザーズ市場に上場した「ヘッドウォータース（4011）」。企業の経営課題をITやAI（人工知能）のシステム開発を通して解決するソリューション事業を行っている企業です。当時、株式市況はAIブーム。IPO株の需給も絞られており、公開価格2,400円に対して初値は11.9倍の2万8,560円に。初値で100株売却すると、利益額は261万6000円の利益となりました。

2018年４月に東証マザーズに上場した「HEROZ（4324）」。こちらもAIを活用したサービスの提供を行っている企業です。IPOの需給が絞られていることもあり、公開価格4,500円に対して初値は10.9倍の49,000円に。初値で100株売却すると、利益額は445万円の利益となりました。

当時、この利益額に驚愕し、ネット申込による抽選での当選者数を調べたところ、ネット抽選での当選者は184名に。主幹事のSMBC日興証券が102名、マネックス証券が49名でした。抽選運さえあれば、こういったIPO株に当選できるチャンスがあります。

なお、著者がIPO投資で得た利益の最高額は225万円。2006年３月に東証マザーズに上場した「比較.com（2477）」のIPO当選で、初値は公開価格の６倍となりました。

Episode 3

スタートアップで多いストックオプション

スタートアップ企業では、現金報酬が限られていることが多いため、ストックオプションを利用します。ストックオプションは、従業員に自社株式を特定価格で購入する権利を与える制度のことです。

スタートアップが上場すれば、従業員はストックオプションで得た株式を市場で売却できるようになり、ストックオプションの価格より高い価格で公開市場で売却して現金化することが可能になります。

2時限目
IPOの流れと投資の始め方

※一部の証券界者では抽選資金が必要ありません。
※IPOにより幹事証券は変わります。

01 IPOの流れ——上場準備から購入・売却まで

1 上場に向けての準備と申請

IPOを目指す企業は、時間をかけて「**上場の準備**」を行います。

上場準備とは、上場を検討している企業が、上場に向け内部組織の整備を行うことです。

経営陣や役員を選定し、社内のルールや仕組みを整え、法令遵守や情報開示の体制をつくります。

また、開示する企業情報を正確なものとするために、企業は監査法人に**財務諸表の監査**を依頼します。

監査法人は、企業の財務状況が正確かつ適切に報告されて

いるかをチェックし、信頼性を確保します。

次に、企業は**主幹事証券会社を選び**、上場に関するアドバイスやサポートを受けます。

主幹事証券と共に上場プロセス全体を進めていき、証券取引所に上場申請を行います。

上場準備におよそ3～4年、上場申請から上場までは2～3ヶ月かかるようです。

準備をすればどこの企業でも上場できるわけではなく、上場準備を進めても財務状況が不安定だったり、法令順守や内部統制が不十分とみなされた場合、上場が認められないことがあります。

● 東京証券取引所の上場審査基準（形式要件）

形式要件（項目）		プライム	スタンダード	グロース
流動性	株主数	800人以上	400人以上	150人以上
	流通株式数	20,000単位以上	20,000単位以上	10,000単位以上
	流通株時価総額	100億円以上	10億円以上	5億円以上
	時価総額	250億円以上	—	—
ガバナンス	流通株式比較	35%以上	25%以上	25%以上
経営成績 財政状態	利益の額 または売上高	最近2年間の経常利益の総額25億円以上 または 最近1年間かつ、時価総額1,000億円以上	最近1年間の経常利益1億円以上	—
	純資産の額	50億円以上	正（連結純資産）	—
その他	事業継続年数 （取締役会設置）	3年以上	3年以上	1年以上
	公募の実施	—	—	100億単位以上

2 IPOの承認審査

ＩＰＯ（上場）を行うには、証券取引所による**審査基準をクリア**する必要があります。

審査基準には、**形式要件**と**実質審査基準**と呼ばれる２種類の基準があります。

形式要件は、上場時の株主数や純資産の額など定量的な側面を確認する基準です（前ページ表）。

実質審査基準は、形式要件だけでわからない下表のような定性的なことを審査します。

形式基準も実質基準も詳しくは、証券取引所のウェブサイト

● **東京証券取引所の上場審査基準（実質審査基準）**

プライム	スタンダード	グロース
企業の継続性および収益性		事業計画の合理性
継続的に事業を営み、かつ、安定的かつ優れた収益基盤を有していること	継続的に事業を営み、かつ、安定的な収益基盤を有していること	事業計画を遂行するために必要な事業基盤を整備していること、または整備する合理的な見込みのあること
企業経営の健全性		
事業を公正かつ忠実に遂行していること		
企業のコーポレート・ガバナンスおよび内部管理体制の有効性		
コーポレート・ガバナンスおよび内部管理体制が適切に整備され、機能していること		コーポレート・ガバナンスおよび内部管理体制が、企業の規模や成熟度等に応じて整備され、適切に機能していること
企業内容等の開示の適正性		企業内容、リスク情報等の開示の適正性
企業内容等の開示を適正に行うことができる状況にあること		企業内容、リスク情報等の開示を適正に行うことができる状況にあること
その他公益または投資者保護の観点から東証が必要と認める事項		

に掲載されているので、興味のある方は閲覧してみてください。

東京証券取引所の場合、**プライム市場**は、厳格な審査基準が設けられており大手企業向きの市場です。

スタンダード市場は、従来の東証二部と、東証一部・JASDAQスタンダードの一部を集約した位置づけの市場です。

グロース市場は、成長性の高いスタートアップ企業やベンチャー企業向けで、審査基準が他の市場と比較するとやや緩やかです。

IPOが承認されると目論見書(もくろみしょ)を作成・交付する

目論見書は、投資判断に必要な重要事項を説明した書類のことで、有価証券の売出し時に交付されます。

目論見書には、企業の財務状況や事業内容、株式の詳細情報、上場目的など、投資家にとって重要な情報が記載されており、有価証券の募集・売出しの際に、目論見書の交付が法律によって義務付けられています。

目論見書は、上場が承認された証券取引所や上場を行う企業のウェブサイト、幹事証券となった証券会社にて閲覧・入手することができます。

3 仮条件の決定

ＩＰＯの承認から**約２～３週間後に仮条件が決定**します。

仮条件とは、主幹事証券が機関投資家や他の金融機関にヒアリングし、株式市況、価格変動リスク、同業他社との比較など、さまざまな点を考慮して決められる**公開価格の価格帯**のことです。

仮条件が１０００～１５００円の場合、この価格帯から公開価格が決定します。

● IPO株を購入するまでの流れ

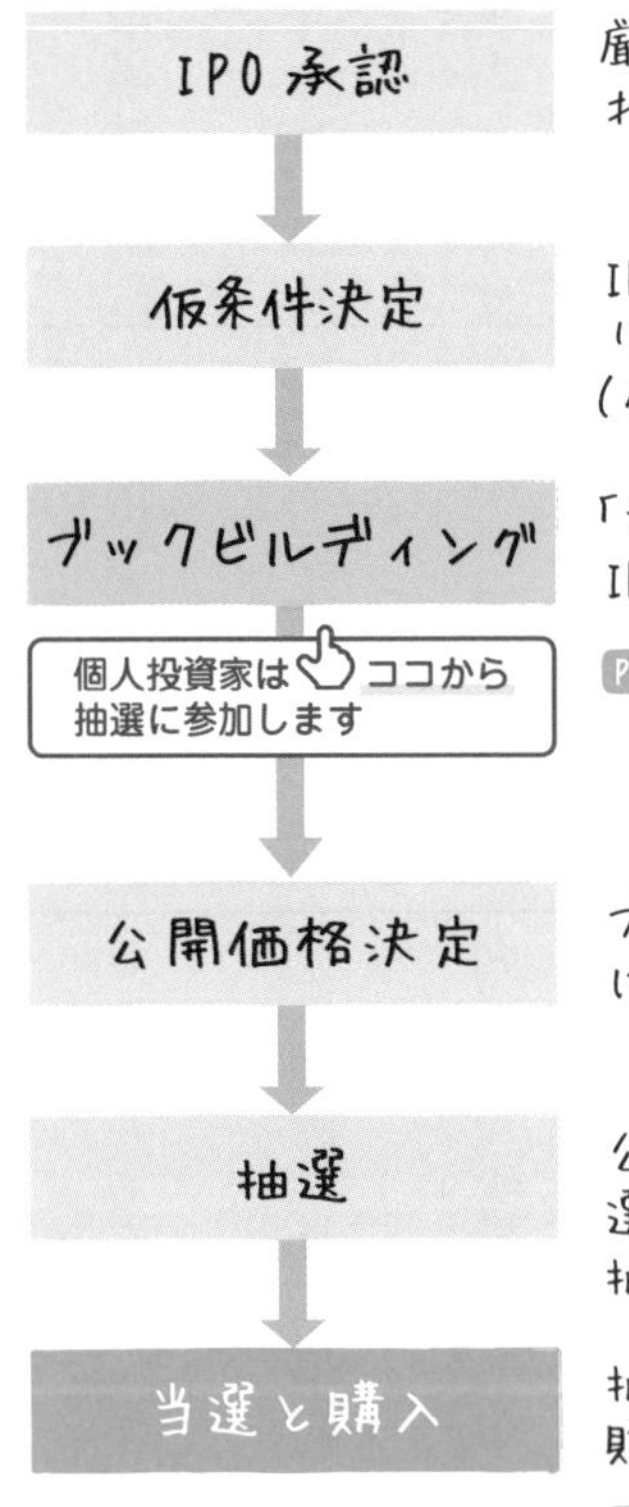

厳しい審査基準をクリアした企業に、それぞれ市場への上場が認められます

IPO株の仮条件（公開価格の価格帯）が決まります
（例）株価1,000～1,500円

「私は株価〇〇円で□□株申し込みます」と、IPO株の購入の意思表示を幹事証券で行います

Point 欲しいIPO株は上限価格で申し込みましょう！

ブックビルディングによる投資家の需要を基に公開価格が決定します

公開価格以上の意思で参加した人の中から抽選します
抽選方法は証券会社により異なります

抽選で当選するとIPO株を購入できます
購入したIPO株は上場日以降に売却できます

Point 当選通知＝購入ではありません
忘れず購入！

4 ブックビルディング（需要申告）に参加する

ブックビルディングとは「需要積み上げ方式」とも呼ばれ、IPO株の公開価格を決める方式のことです。

投資家はブックビルディングに参加し、IPO株購入の意思表示をします。仮条件の価格帯を基に、IPOの幹事となる証券会社が、投資家から株式の購入意向や希望する価格帯を調査します。

個人投資家は、幹事証券から自分が**購入したい株式数とその価格を申し込みます**。これにより、企業や主幹事証券会社は、株式の需要や市場での適正価格がどの程度かを把握することができます。

ブックビルディングへの参加（IPO株の抽選に参加すること）が、個人投資家によるIPO当選に向けた第一歩になります。

参加後は、IPO株の当選を待ち、当選した場合に購入するという流れになります。

抽選に必要な抽選資金は、「申告する株価 ×株数」になります。

1500円で100株申し込む場合、15万円の抽選資金が必要になります。なお、証券会社によっては抽選資金が必要ない証券会社もあります。

3時限目以降で、IPO初心者がIPO当選に向けて行うことを詳しく説明していますので、ここではIPO全体の流れだけ覚えてください。

5 公開価格の決定

仮条件で集まった投資家からの申込み内容を基に、ＩＰＯを行う企業と主幹事証券会社が、**需給状況や株式市況を考慮して、ＩＰＯ株の購入価格となる公開価格を決定**します。

ＩＰＯ投資は人気が高いため、公開価格は仮条件の上限価格で決まることがほとんどです。

なお、公開価格の決定方法は２０２３年10月1日から変更される予定です（詳しくは68ページ）。

6 抽選

ブックビルディング参加者を対象に抽選が実施されます。

ＩＰＯ投資は人気が高く、各証券会社で用意されているＩＰＯ株の割当数より、申告されたＩＰＯ株の総数が上回ることが多いため、公開価格が決定した後、ＩＰＯ株の抽選が行われます。

抽選の時間は証券会社で異なり、早いところで公開価格が発表された日の夕方に抽選が行われます。

IPO当選しますように
お前らお願いばっかりやな

7 当選後は忘れずに購入を

当選したＩＰＯ株の購入期間は決まっているので、ＩＰＯの当選後は忘れずに期間内に購入の意思表示をして購入してください。

購入に必要な資金は「当選した株数×公開価格」です。公開価格１５００円のＩＰＯ株に１００株当選したら購入資金は15万円になります。

購入を忘れないコツにつきましても、後ほど詳しく説明します。

8 売却——お勧めは上場日の初値売り

購入したＩＰＯ株は上場日以降に売却することができます。ＩＰＯ株の売り注文を出せるタイミングは各証券会社で異なります。

初心者にお勧めの売り方は、**上場日の初値で売る初値売りです**。ＩＰＯ株の売却方法を不安に思う初心者も多いですが、5時限目で詳しく説明していますのでご安心ください。

ＩＰＯの一連の流れをざっと説明しましたが、ＩＰＯ投資において私たちが行うことは、「**ブックビルディングに参加する**」こと、「**抽選に当選後、ＩＰＯ株を購入する**」こと、そして「**上場日以降に当選ＩＰＯ株を売却する**」こと、この3つになります。

02 幹事証券について知っておこう

IPOのブックビルディング（需要申告）は、幹事証券から申し込みます。

幹事証券とは、株式の売出しや公開価格の決定など上場プロセスをサポートする証券会社のことです。野村證券、みずほ証券、大和証券、SBI証券、楽天証券、マネックス証券、松井証券などなど、みなさんも知っている証券会社です。

1 主幹事証券、引受幹事証券、委託幹事証券の違い

IPO株の申込みができる証券会社には、次の3種類の幹事証券があります。

- 主幹事証券（しゅかんじ）
- 引受幹事証券（ひきうけかんじ）
- 委託幹事証券（いたくかんじ）

各幹事証券でそれぞれ役割がありますが、主幹事証券がそのリーダー役となります。

主幹事証券

上場予定の企業を全面的にサポートしIPO株の割当数が多い証券会社です。通常は一社が担当しますが、規模の大きいIPOだと主幹事証券が複数のこともあります。IPO株の当選数が多いので主幹事からのブックビルディングには積極的に参加し当選を狙いたいです。

● 幹事証券の種類

幹事証券	内容
主幹事証券	IPOにおいてリーダー的な役割を担う証券会社。ブックビルディングを主導
引受幹事証券	株式を引き受け、主幹事証券と協力し、株式を市場に売り出す証券会社
委託幹事証券	主幹事証券や引受幹事証券から委託されて販売する証券会社。通称裏幹事と呼ばれる

引受幹事証券

引受幹事は通常、複数の証券会社で担当します。規模の大きいＩＰＯだと10社を超えることもあります。ＩＰＯのブックビルディングに参加できるので、当選確率を上げたいなら引受幹事証券からもＩＰＯに参加すると良いです。

委託幹事証券

主幹事証券と引受幹事証券はＩＰＯ承認時に発行される目論見書に載りますが、委託幹事証券は載りません。ＩＰＯに申し込めることを知らない人も多く、通称で裏幹事と呼ばれています。知らない人が多いということは抽選に申し込む人（抽選のライバル）も少ないということなので、ＩＰＯに参加しておきたいです。

2 ＩＰＯごとに幹事証券が異なる

幹事証券は固定ではなくＩＰＯごとに決まります。

Ａ社の主幹事証券はＳＢＩ証券、引受幹事証券は大和証券とマネックス証券、委託幹事証券は松井証券。Ｂ社の主幹事証券は野村証券、引受幹事証券はＳＢＩ証券と楽天証券とみずほ証券、委託幹事証券はなしなど様々なパターンがあります。

２０２２年12月に上場したnoteの幹事証券は下表の通りです。

3 ＩＰＯに参加するには幹事となる証券会社の口座開設が必要

幹事証券となる証券会社は、ほぼ決まっていますので、事前に口座開設してＩＰＯに備えておくのがお勧めです。

口座開設は早い証券会社で当日中ですが、提出書類の思わぬ不備などがあると時間がかかるため、余裕をもって事前に口座開設されることをお勧めします。

どの証券会社に口座開設すればいいのか悩むと思いますが、ＩＰＯ投資でお勧めの証券会社は93ページで紹介しています。

● noteの幹事証券（5243）

主幹事証券	・大和証券
引受幹事証券	・マネックス証券 ・松井証券 ・楽天証券 ・野村證券 ・SMBC日興證券 ・SBI証券 ・岩井コスモ証券 ・岡三にいがた証券 ・三菱UFJモルガン・スタンレー証券
委託幹事証券	・auカブコム証券 ・大和コネクト証券

03 抽選時にお金はいくら必要？

1 抽選時に手数料はかからない

本書で紹介している**各証券会社の口座開設料は無料**です（2023年7月現在）。

また、IPO株のブックビルディング（需要申告・抽選参加）において、**申込み時に手数料などは一切かかりません。**

IPO株の購入時に「公開価格×当選株数」の購入代金が必要になりますが、IPO株購入の取引手数料は、どの証券会社でも取引手数料は発生しません。

当選したIPO株を売却する際は、各証券会社で定められた取引手数料が発生します（無料〜3000円程度）。

IPOの抽選には、
いっさいお金が
かからないのだ！

2 抽選資金は一体いくら必要？

IPO投資において必要なお金は参加する**IPO株の抽選資金です**。抽選資金は、証券会社の口座に入金しておきます。

IPOの当選を目指す場合、「仮条件の上限価格×100株」の抽選資金が最低限必要になります。

仮条件が1000〜1500円の場合、仮条件の上限価格の100株分で15万円の抽選資金が必要になります。

仮条件の価格はIPOごとに異なります。

例えば、価格が低いIPOだと、2023年4月に上場した宇宙スタートアップ企業のispace（9348）の仮条件は234〜254円で、抽選資金は100株分で2万5400円が必要でした。

一方、仮条件が高いIPOでは、30万円を超える場合があります。

2022年のIPOを、必要な抽選資金ごとにIPO

● IPOの参加に必要な抽選資金（2022年）

抽選資金	IPO数
10万円未満	31社（全体の34%）
10万〜20万円	45社（全体の49%）
20万〜30万円	8社（全体の9%）
30万〜40万円	5社（全体の5%）
40万〜50万円	1社（全体の1%）
50万以上	1社（全体の1%）

数を示したのが前ページの表です。

この表を見ると、10万円の抽選資金があれば抽選に参加できるＩＰＯが全体の34％あり、20万円あれば全体の約８割もの抽選に参加できることがわかります。

なお、２０２２年のＩＰＯのうち、10万円の抽選資金があれば抽選に参加でき、初値売りによる利益額が大きかったＩＰＯは、サークレイス（５０２９）で16万円、スマサポ（９３４２）で14万５０００円でした。

このように、用意できる抽選資金が少なくても、抽選運により大きな利益を得られる可能性があるのが、ＩＰＯ投資です。

落選すると抽選資金は口座に戻る

ＩＰＯの申込時または抽選時に、**抽選資金が一時的に拘束（ロック）**されます。

これは、他の用途（別の株の購入）に抽選資金を利用されないようとられる措置です。

一時的に抽選資金が拘束され使えなくなるものの、**抽選**

● カバー（5253）のIPOにおける資金の必要タイミング

状況	カバーの場合
入金が必要なタイミング	抽選は、公開価格決定日3月15日の18時以降 抽選資金は、公開価格750円×申込株数=7万5,000円以上の買付余力が必要 買付余力がないときは抽選対象外に
当選	公開価格750円×当選株数の資金が拘束される 当選辞退で、落選同様に出金や取引に利用できる
落選時	落選後、すぐに出金や他の取引に利用できる

で落選するとロックされた抽選資金は証券会社の口座に戻ります。

口座に戻った資金は自由に利用できるので、ご自身の銀行口座などに出金することも可能ですし、株の購入などにも利用できます。

SBI証券の場合、抽選日は公開価格決定日の18時以降になります。SBI証券は抽選で落選するとすぐに口座に資金が戻り、出金や他の取引に利用できます。

カバー(5232)を例にした資金の必要タイミングを前ページの表に記載しています。

3 抽選倍率は一体どれぐらい?

抽選倍率は楽天証券以外、公表していませんが、知名度が高いIPOの場合、新聞社の取材により、抽選倍率がわかることがあります。

人気が高いIT系では、メルカリが50倍、LINEは20倍の抽選倍率でした。

少し地味な印象があるIPOだと、日本郵政やゆうちょ銀行で5倍、JR九州は15倍でした。

抽選倍率は公開株数の総数と人気度により左右されます。

4 抽選資金が必要ない証券会社も一部あり

基本的には、IPO投資には抽選資金が必要です。

しかし、一部の証券会社のインターネット申込みでは、IPOのブックビルディング参加や抽選時に抽選資金を用意する必要がありません。

つまり、証券会社の口座への**入金がゼロでもIPO投資に参加できます。**

野村證券や松井証券など、2023年7月時点で9社あります。

証券会社の口座への入金が必要ないので、IPO初心者でも気軽に参加しやすいと思います。

IPOの当選後は、IPO株の購入が

●抽選資金不要の証券会社の一覧（2023年7月現在）

証券会社	幹事タイプ	2022年の幹事数
松井証券	引受幹事、委託幹事	55社（全体の60%）
みずほ証券	主幹事、引受幹事	47社（全体の52%）
野村證券	主幹事、引受幹事	38社（全体の42%）
岡三オンライン	委託幹事	38社（全体の42%）
SBIネオトレード証券	委託幹事	21社（全体の23%）
DMM.com証券	委託幹事	10社（全体の11%）
アイザワ証券	引受幹事	7社（全体の7%）
JTG証券	引受幹事	6社（全体の6%）
むさし証券	引受幹事	6社（全体の6%）

必要なので、証券会社に入金を行い購入の手続きを行う必要があります。

6時限目のIPOの当選確率を上げるコツでも改めて紹介します。

公開価格決定のプロセスは10月から変更に

2021年9月から公開価格の設定プロセスのあり方に関し議論が進められ、2022年2月に「公開価格の設定プロセスのあり方等に関するワーキング・グループ」という報告書が出されました。

興味がある方は、日本証券業協会のWebサイトに掲載されていますので、ご確認ください（https://www.jsda.or.jp/）。

いくつかある見直し項目のうち、次の項目が2023年10月1日より施行されることになりました。

私たちに関係があるのは、「仮条件の範囲外での公開価格の設定」です。

これまで、公開価格は仮条件の価格帯の中から決まることとなっていましたが、改正案に次の内容があり、この通りに変更されると思われます。

> **仮条件の上限価格を上回る又は下限価格を下回る公開価格（以下「仮条件を超える公開価格」という。）を決定するにあたって、本協会が別に定める一定の範囲内である場合は、改めてブックビルディングを行うことを要しないものとする。**
> **（[改正後]第15条第1項第1号）**

10月1日以降の公開価格は、仮条件の上限価格を超えて決まる場合があるようです。（仮条件の上限価格が1,000円だけど、公開価格が1,100円に決まる可能性も？）

本書を執筆している2023年7月18日時点では、仮条件の上限価格よりどのくらい価格が上振れてもいいのか？の基準や、ブックビルディングに参加する投資家への周知はどうするのか？など、具体的な案内がありません。

詳細が決まった際は、筆者が運営している「庶民のIPO」でも新しい公開価格の決定プロセスについて説明する予定です。

3時限目 証券会社の口座を開設する方法

ど〜も〜 ネコで〜す！
パパかぶで〜す！
株を始めようと思いましてね 証券会社の口座を開設しようと思っているんですよ
これがどうにもややこしい！
特定口座か一般口座かとか源泉徴収ありなしとかありましてね
ま〜初心者なら特定口座で源泉徴収ありですね
お手上げ！
ほえ〜 なぜに？
特定口座は証券会社が株取引のためだけに用意した口座です
年間取引報告書を作成してくれるので便利です
一般口座はお持ちの預金口座を使います
源泉徴収ありは証券会社が本人に代わって税務署に税金を納めます
確定申告の必要がなくなり楽ちんです
オッケー！ じゃっ口座開設するのでほなさいなら！
ちょっとネコさ〜ん！

01 各証券会社のHPで口座開設を申し込む

証券会社の口座開設は、証券会社のホームページから口座開設が可能です。対面型の証券会社の場合は、店頭窓口で口座開設もできます。

口座開設の方法は、**「Web」「専用アプリ」「郵送」から選択することが可能**です。個人的には、**Web（ネット）からの口座開設申込みがお勧め**です。口座開設日数が郵送より早く、免許証などの本人確認書類の提出も画像をアップロードするだけで簡単です。

複数の証券会社で口座開設する場合、Webからの申込みだと免許証や健康保険証、マイナンバーカードなどの本人確認書類を、他の証券会社の口座開設資料として再利用できて便利です。

IPO投資では、**複数の証券会社に口座を開設し抽選機会を増やす**ことで、IPOの当選確率を上げることができます。

複数口座開設の手間を削減することを考えても、Web上からの口座開設がお勧めです。

スマートフォンアプリからの申込みは、マイナンバーカードの読み込み失敗などがあり、個人的には苦手ですが、慣れている方だと良いかもしれません。

アプリで複数証券の口座開設を行う場合、その都度、アプリをダウンロードしたり、本人撮影をしたり、マイナンバーカードを読み込ませたりと、同じ操作を行う必要があるので、複数口座の開設では手間がかかるかなと思います。

1 口座開設料、口座管理料は無料の証券会社がほとんど

証券会社の口座開設は無料です。また、ほとんどの証券会社の**口座管理料は無料**です。

筆者が口座開設している証券会社の中で、口座管理料が発生する証券会社は2社あります。

大和証券で年間1650円、東海東京証券で年間3300円の口座管理料が発生しますが、どちらも

●口座開設の手続き別 申込み方法の特徴

手続き	開設日数	オススメ度	特徴
アプリ	◎	△	申込者本人やマイナンバーカードをスマートフォンで撮影して提出するので本人確認が早く、口座開設日数も最短。ただし、読み取りが上手くいかないこともある。
Web（ネット）	○	◎	Web上で必要事項を記入し、本人確認書類をアップロード。口座開設も早くおすすめです。用意した本人確認書類をそのまま他の証券会社の確認に利用化。
郵送	△	○	書類の郵送があるので口座開設は遅い。ただ、急いでいないなら昔ながらの郵便も良い。

条件を満たせば口座管理料は無料になります。

簡単なものを紹介すると、大和証券であればeメンバーに加入（電子交付）すること、東海東京証券であれば取引報告書等電子交付サービスを登録することです。

電子交付とは書面の代わりに取引残高報告書や取引報告書などの書類をネット上で閲覧し、必要に応じて端末に保存できるサービスです。

電子交付により証券会社側は紙による郵送費を削減でき、閲覧者側は必要なものだけをＰＤＦで保存したり印刷したりできるのでお互いに便利です。

2 口座開設に必要な書類

各証券会社で必要な書類などに若干の違いがありますが、おおよそ次の書類が必要になります。

- **本人確認書類（運転免許証、各種健康保険証、各種年金手帳、パスポート等）**
- **マイナンバー確認書類（個人番号カード、通知カード、住民票の写し等）**
- **本人名義の金融機関の口座番号**
- **印鑑**　※スマートフォンアプリで手続きする場合、印鑑が不要なケースもあります。

02 口座開設記入欄で迷うポイント

1 特定口座と一般口座の違い

特定口座とは、株の売買による譲渡益の計算などを証券会社が行い、口座開設者の申告・納税手続きの負担を軽減する制度で、年間取引報告書を作成してくれる口座です。

一般口座とは、譲渡損益、利子や配当などの損益通算などの計算や納税手続きをすべて投資家自身で行う口座のことです。

一般口座による損益の計算は未経験者には難しいです。**初心者の方は特定口座を選択するのがお勧め**です。

2 源泉徴収ありと源泉徴収なしの違い

特定口座では、**「源泉徴収あり」**と**「源泉徴収なし」**の2つから選択できます。

源泉徴収とは税金の天引きのことです。つまり、株式投資の売買などで発生する税金を証券会社が天引きするか、しないかを選択できます。

お勧めは「源泉徴収あり」です。個人投資家の8割がこちらを選択しており、証券会社もこちらをお勧めしています。

源泉徴収ありでは、確定申告が原則不要となることと、確定申告をしない場合、配偶者控除等の運用や国民健康保険料等の金額に影響しません。

「源泉徴収なし」の場合、証券会社から発行される年間取引報告書を元に自分で確定申告をする必要があります。

なお、会社員など給与所得者の場合は株式投資での利益が年間20万円以下である等の一定の条件を満たしている場合、確定申告は不要となります。

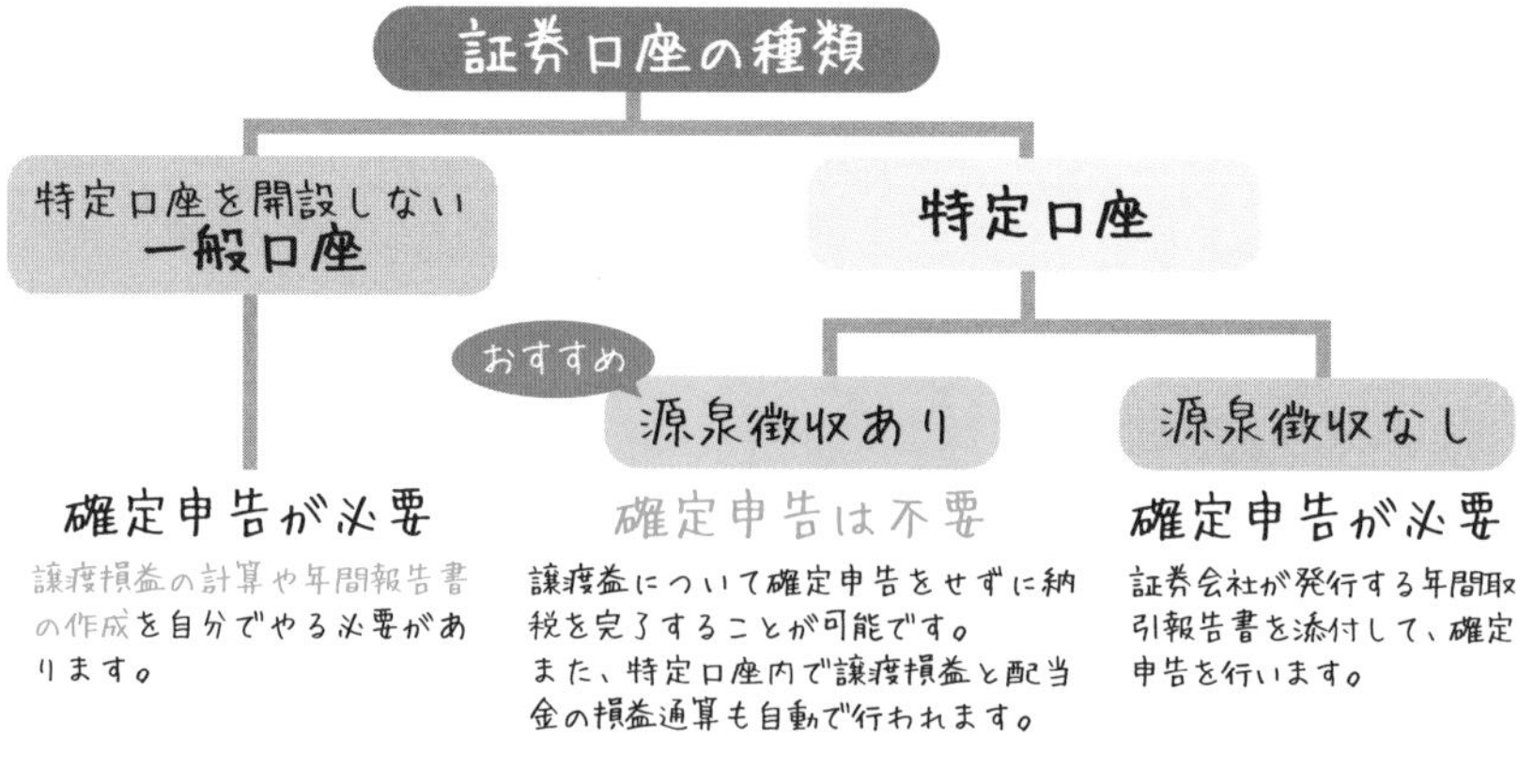

証券口座の種類

特定口座を開設しない 一般口座	特定口座：源泉徴収あり（おすすめ）	特定口座：源泉徴収なし
確定申告が必要	確定申告は不要	確定申告が必要
譲渡損益の計算や年間報告書の作成を自分でやる必要があります。	譲渡益について確定申告をせずに納税を完了することが可能です。また、特定口座内で譲渡損益と配当金の損益通算も自動で行われます。	証券会社が発行する年間取引報告書を添付して、確定申告を行います。

源泉徴収ありの口座でも、他の証券会社との損益を通算したい場合（節税効果）や、年間で損失が出て「損失の繰越控除」を行いたい場合は、確定申告が必要になります。

なお、源泉徴収のありとなしの選択は、年度の切替え時に変更することが可能です。

3 NISA口座の開設は必要？

NISA口座はあとからでも口座開設できるので、一緒に口座開設する必要はありません。

また、NISA口座は、**一人につき一つの金融機関でしか申込み・開設できません。**

A証券でNISA口座を開設した場合、B証券でNISA口座を開設できないので、どの証券会社でNISA口座を開設するかをしっかり考えておく必要があります。

NISA口座の**売却益や配当金は、非課税の対象**となり税金が発生しないというメリットがありますが、**損失時に損益通算できず節税できない**というデメリットもあります（206ページ参照）。

4 信用取引口座の開設は必要？

信用取引口座もあとから口座開設できるので、一緒に口座開設する必要はありません。

信用取引は、投資家が自己資金だけでなく、**証券会社から借りた資金（信用）を使って株式を**

売買する方法です。

信用取引は注意点が多く、投資初心者に個人的にはお勧めしていません。

信用取引の仕組みや注意点を理解してから、申込みや利用するのがお勧めです。

5 口座開設の実際の手順

みずほ証券を例に、口座開設の手順を画像を使って説明します。

なお、お勧めした口座開設方法の「パソコンからＷｅｂで口座開設する」の方法で行います。スマートフォンアプリから口座開設される場合は、アプリの案内どおりに口座開設してください。

また、各証券会社で記入する内容はおおよそ同じなので、他の証券会社の口座開設時にも参考になると思います。

❶みずほ証券のＷｅｂサイト（https://www.mizuho-sc.com/）を開き、上部の「はじめての方へ・口座開設」から「口座をひらく」を選択しクリックします。

❷口座開設内の「いますぐはじめる」をクリックします。

❸口座開設の利用規定や、個人情報の取り扱い、反社会的勢力でないことの同意書がありますので、確認後に「同意する」を選択します。

❶みずほ証券のWebサイトを開き、上部の「はじめての方へ・口座開設」選択し「口座をひらく」をクリック

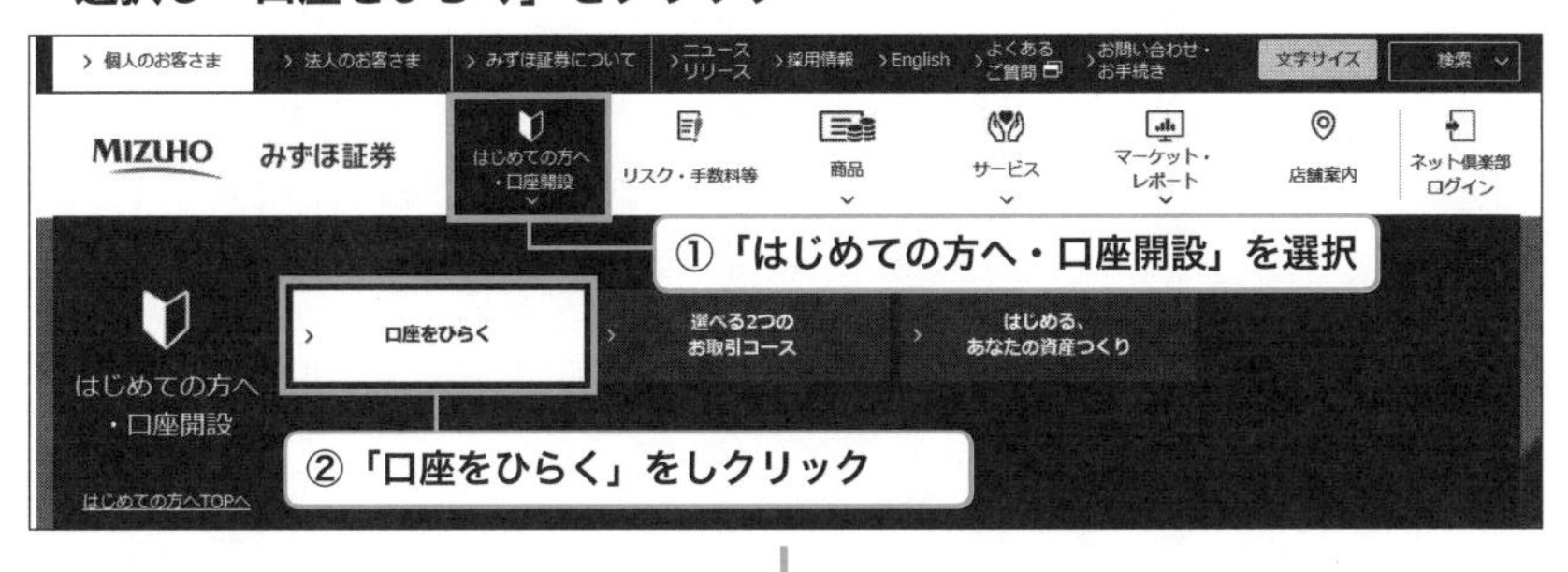

❷口座開設内の「いますぐはじめる」をクリック

❸確認後に「同意する」を選択

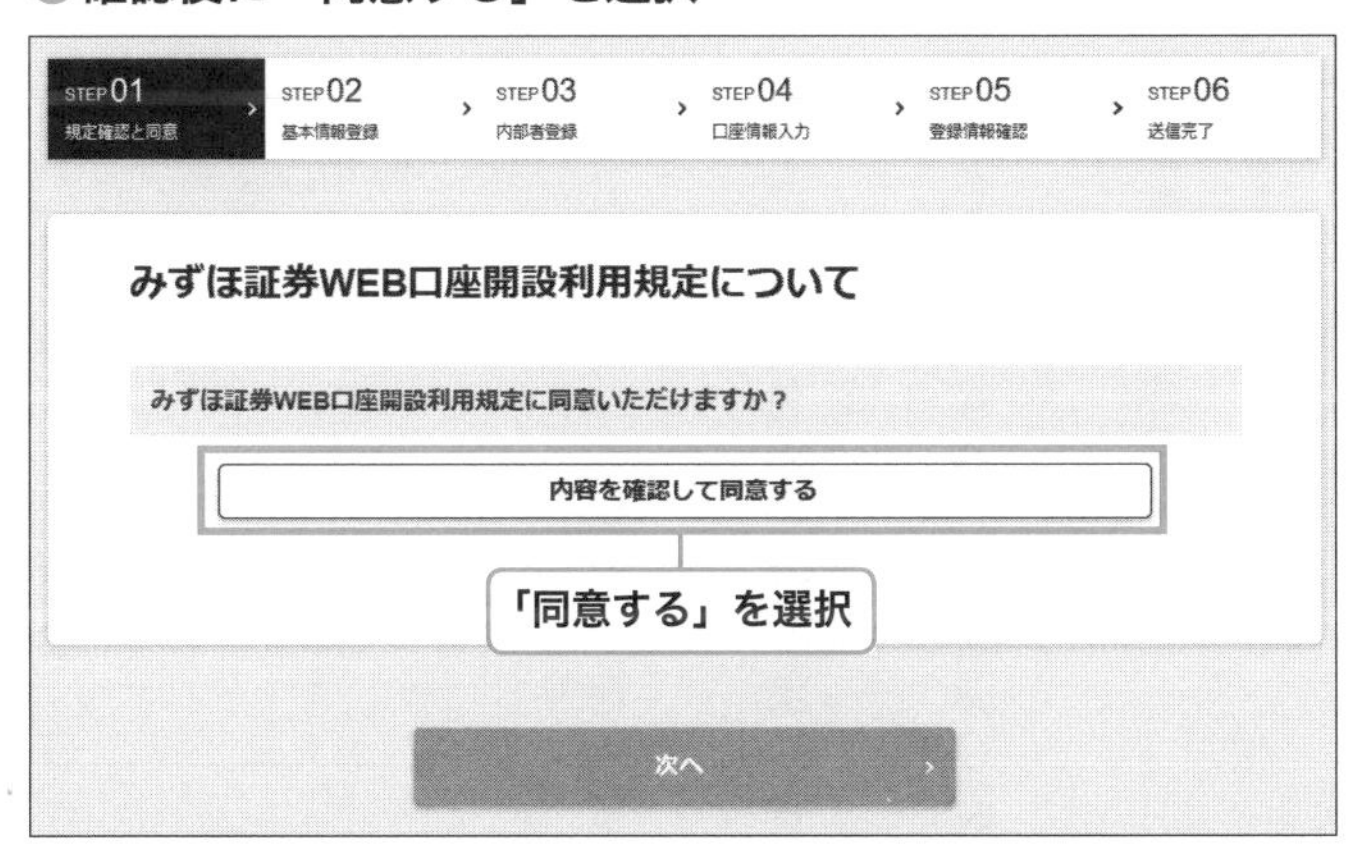

❹本書で紹介している平等抽選によるＩＰＯ当選を目指す場合、ネットで株取引ができる「ダイレクトコース」を選択します。

ダイレクトコースの場合、ＩＰＯの抽選方式は公平抽選となります。

「３サポートコース」は、３つのチャネルを使い、資産運用プランや既にお持ちの金融資産の配分、相続対策などを、担当者と相談しながら決めるコースになります。

取引手数料はダイレクトコースより割高となります。

また、ＩＰＯの抽選方式は裁量配分となり、お得意様よりＩＰＯが配分される仕組みになります。

❺「当社とのお取引について」は、アンケート的なものになるので、当てはまるものを選びましょう。

❻「口座開設を希望する支店」は、ネット取引であるダイレクトコースでも選択する必要があります。居住地に近い支店を選びましょう。

❼内部者確認は、「インサイダー取引」という不正取引を防止するために記入します。

ご自身や世帯主が上場会社にお勤めでない場合、「いいえ」を選択しましょう。

上場会社にお勤めの場合は「はい」を選択し、勤めている上場会社の社名や証券コードを記載する必要があります。

❹「ダイレクトコース」を選択

❺アンケートなので当てはまるものを選択

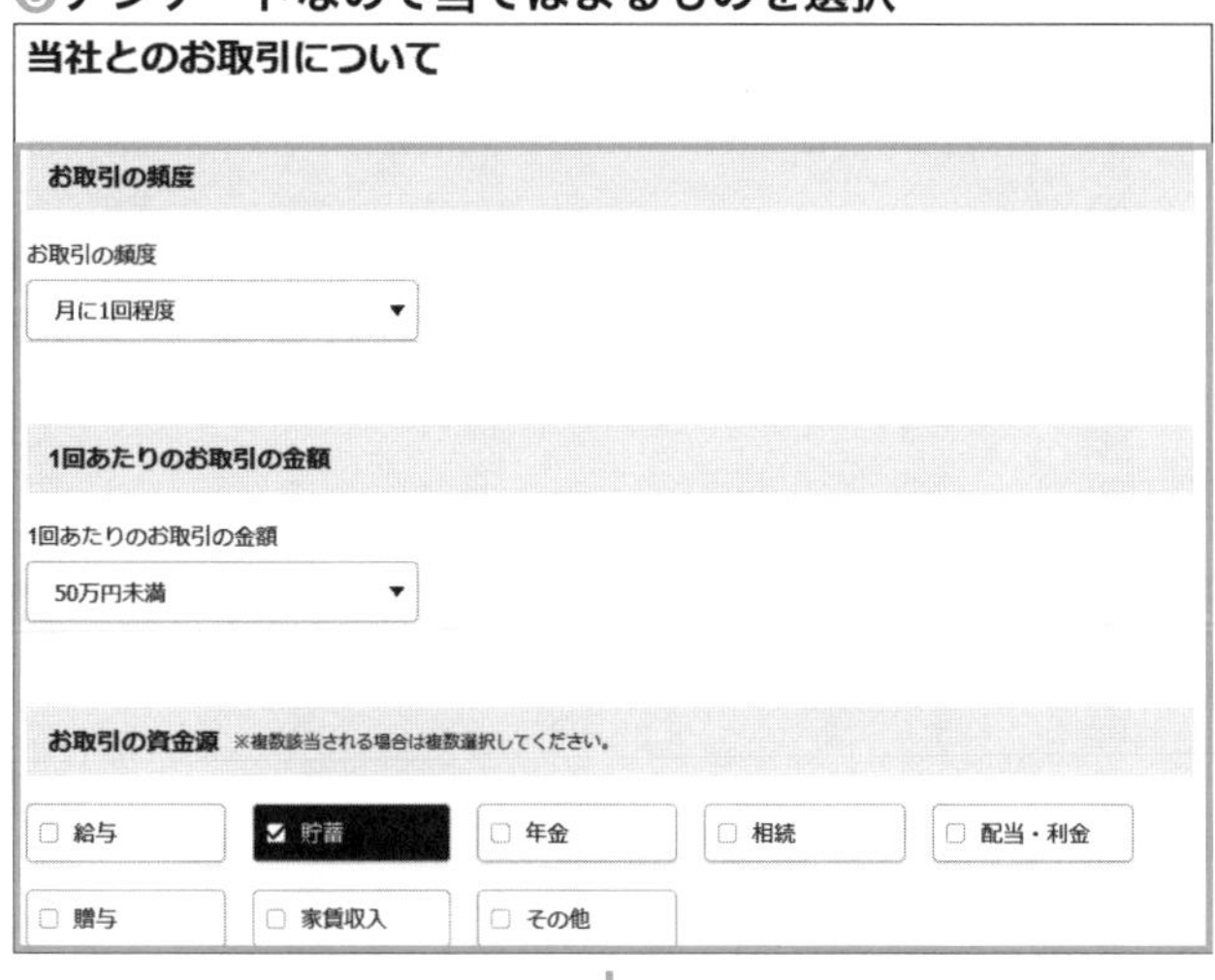

❻「口座開設を希望する支店」は、居住地に近い支店を選択

❼ご自身や世帯主が上場会社にお勤めでない場合、「いいえ」を選択

⑧「特定口座のご案内」では、特定口座（源泉徴収あり）を選択するのがお勧めです。確定申告不要になり、初心者や忙しい方にお勧めです。

⑨「NISA口座のご案内」では、NISA口座についてよくわかっていない場合や、NISA口座を開設する金融機関を決めていない場合、「開設しない」を選択しておくのをお勧めします。あとから開設することも可能です。

⑩「振込先口座の登録とMRFの選択」では、証券会社から出金する際の口座を登録します。

MRFとは、証券会社に入金された資金を安全性の高い債券を中心に運用する仕組みで、利益が出れば、口座開設者に利益が還元されます。元本割れをする可能性もありますが、これまで元本割れを起こしたことはありません。

どちらかを必ず選択する必要がありますが、どちらでも良いと個人的には思います。

⑪「配当金のお受け取り方法の選択」では、株式投資で得た譲渡益や配当金が証券会社に入金される「株式数比例配分方式」がお勧めです。

なお、NISA口座で受け取る配当金を非課税にする場合は、こちらを選択していないと非課税になりません。

他の受け取り方式は、ゆうちょ銀行で換金したり、指定した金融機関に振り込んでもらいます。

❽「特定口座のご案内」では、特定口座（源泉徴収あり）を選択するのがお勧め

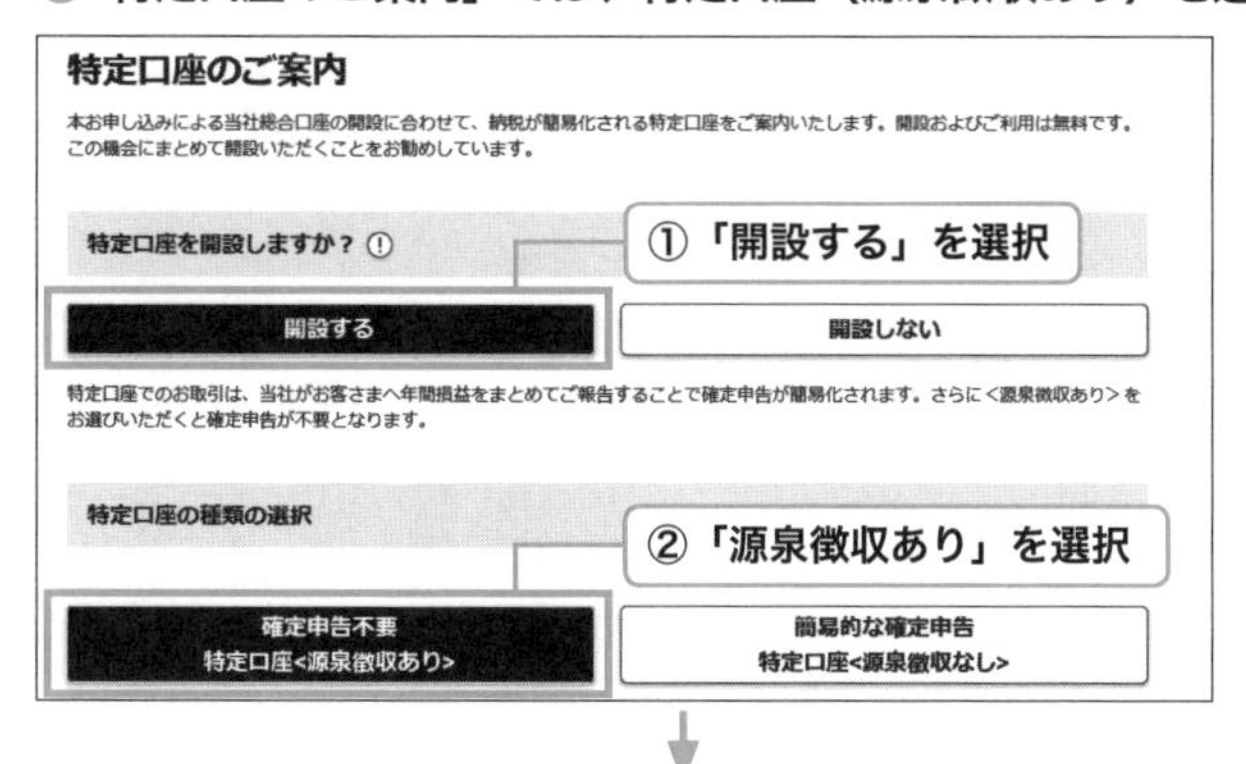

↓

❾「NISA口座のご案内」では、「開設しない」を選択しておくのをお勧め

↓

❿証券会社から出金する際の口座を登録

振込先口座の登録とMRFの選択

振込先口座の登録

みずほ銀行 | ゆうちょ銀行 | その他金融機関

利用するMRF

MHAMのMRF | 新光MRF

↓

⓫「株式数比例配分方式」がお勧め

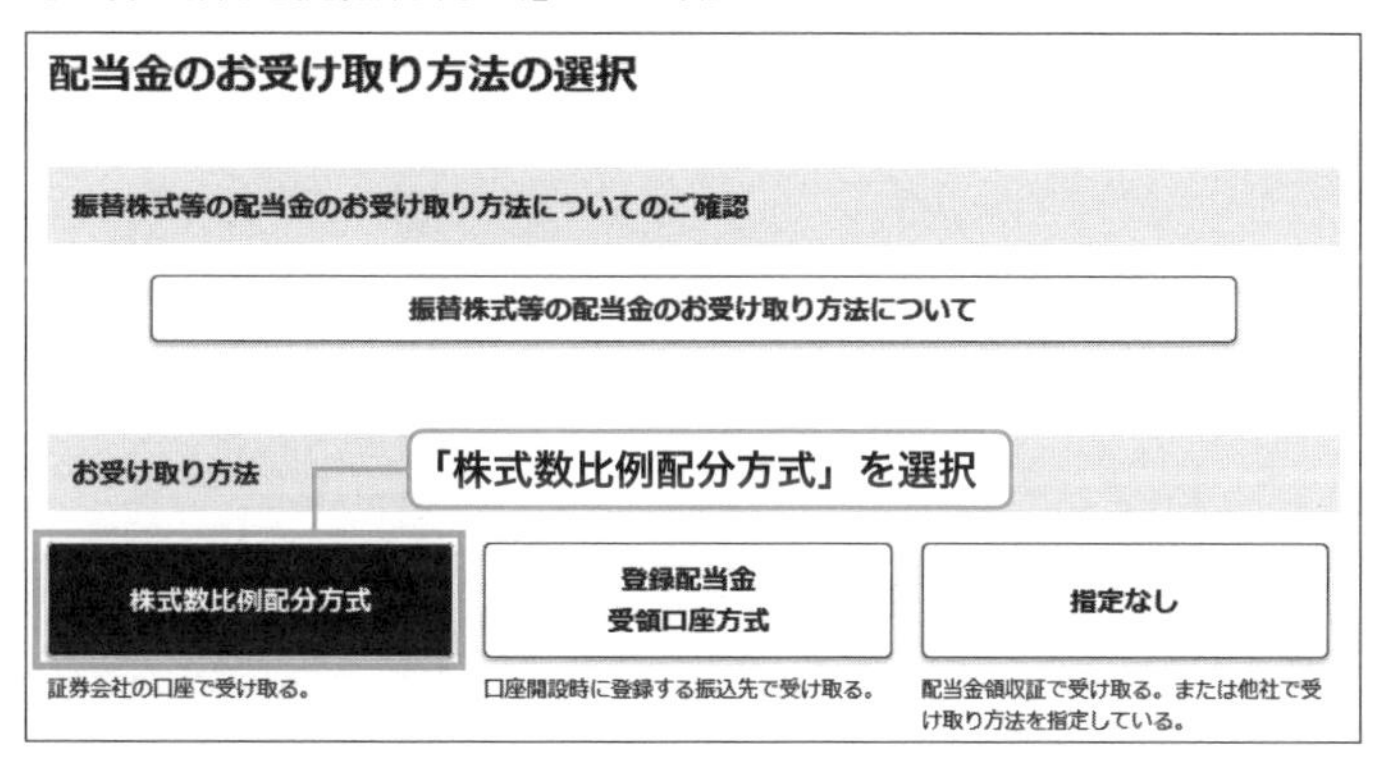

⑫「電子交付サービスのお申し込み」は「申し込む」を選択してください。

⑬「投資経験など確認事項」は、アンケート的な内容ですので、あてはまるものを選択してください。

⑭「書面の確認・ダウンロード」では約款や規定などの確認と同意が必要となりますので、各内容を確認してください。

⑮「ご提出いただく書類の選択」では個人番号（マイナンバー）の提出と本人確認書類の提出が必要となります。どの確認書類を提出するか、選択してください。

⑯最後に、これまでに入力した登録情報を確認し、口座開設を申請します。

みずほ証券から返信用封筒が後日届くので、そちらに本人確認書類を入れ返送します。

口座開設が完了すると、みずほ証券からログインに必要な**ログイン情報**が送られてきます。

なお、みずほ証券では本人確認書類は郵送で提出しますが、証券会社によってはパソコンから画像をアップロードし提出することができます。

郵送・返送の手間が省けるため、口座開設の日数が短くなります。

⑫「電子交付サービスのお申し込み」は申し込むを選択

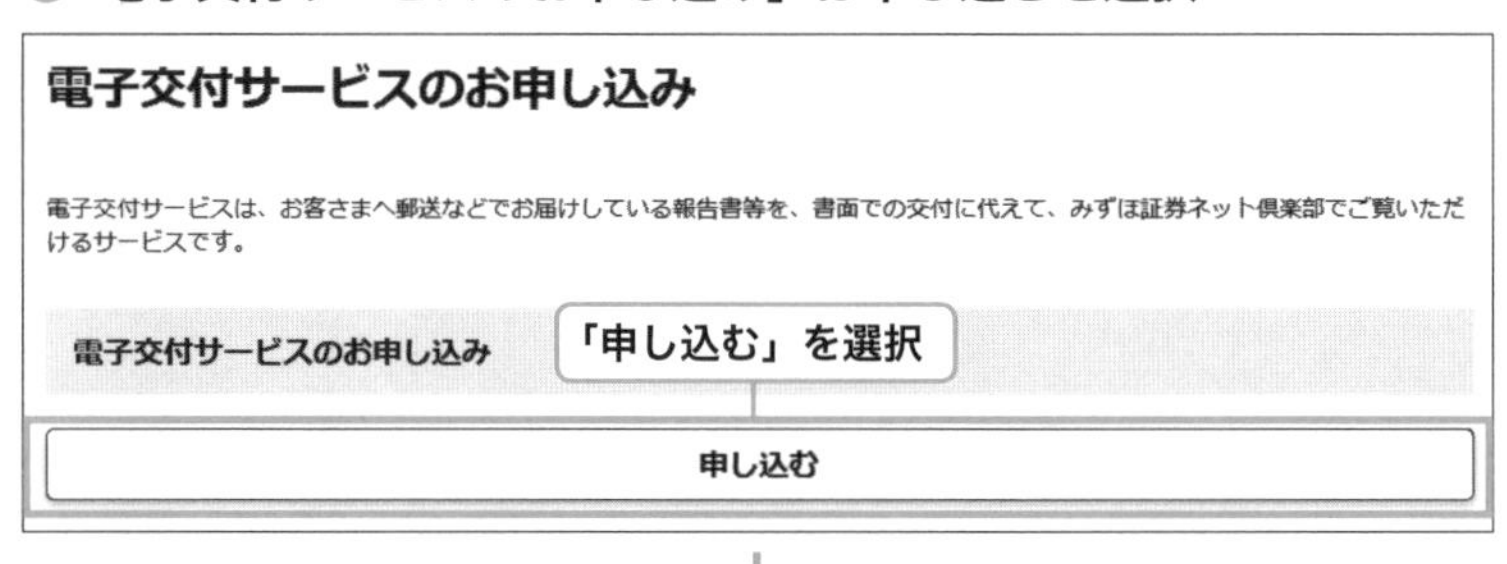

⑬「投資経験など確認事項」は、あてはまるものを選択

⑭「書面の確認・ダウンロード」では、各内容を確認

⑮どの確認書類を提出するか、選択

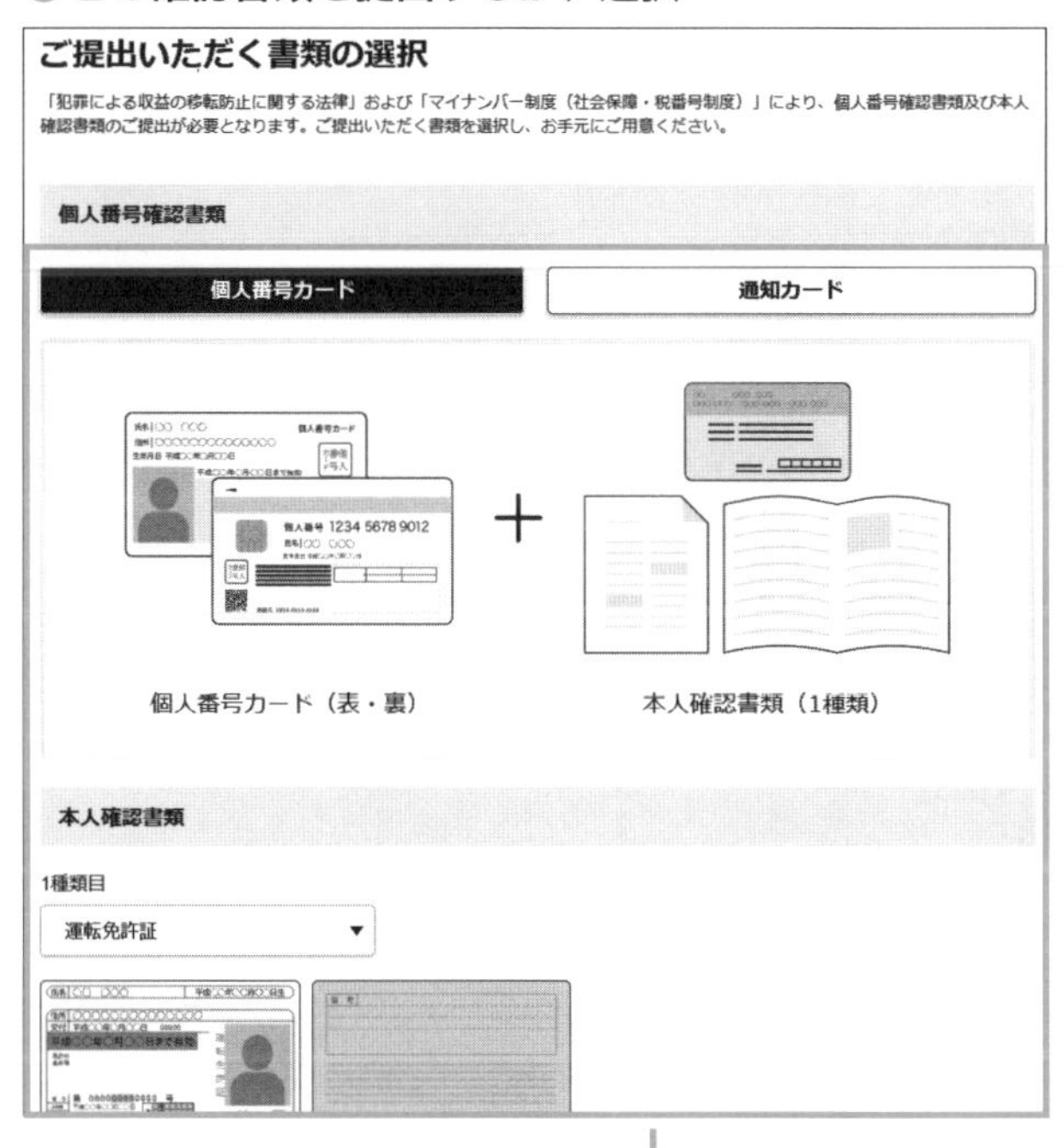

⑯最後に、これまでに入力した登録情報を確認し、口座開設を申請します。

6 内部者登録はインサイダー取引防止のため

内部者登録や上場会社との関係を記入する項目がありますが、これは「インサイダー取引」という不正取引を防止するために記入します。

インサイダー取引とは、会社の情報を得られる立場にある人が非公開の情報（インサイダー情報）を利用して、株式やその他の金融商品を売買する行為です。

非公開の情報が一般に公開される前に、その情報を利用して取引を行うことは、公平性や透明性を損なうため、法律で禁じられています。

インサイダー取引と認定されるケースで多いのは「上場会社の職員」です。

上場会社の正社員だけでなく、契約社員、派遣社員、アルバイトも該当します。上場会社で働いている場合、上場会社の役員の配偶者の場合などは、内部者登録をしておきましょう。

内部者登録といっても難しいことはなく、勤め先の企業名と役職などを登録しておくだけです。

なお、ご自身や世帯主が上場会社にお勤めでない場合など、インサイダー取引に該当しない場合は「該当なし」にチェックを入れます。

03 口座開設と取引開始にかかる日数

各証券会社の**口座開設と取引開始にかかる最短日数**について、筆者が独自に調べたので、参考にしてみてください。

1 書類の不備も想定して早めに用意する

口座開設に慣れている筆者でも、新しい証券会社で口座開設する際に、書類の不備を指摘されることがあります。

書類の不備があると、口座開設が遅れるので余裕を持って口座開設の手続きを行うようにしましょう。

筆者もギリギリに口座開設を申し込み、書類の不備（ハンコの押し忘れなど）で口座開設が遅れ、目的のＩＰＯに申し込めなかったことが2～3回あります。

口座開設書類の準備などが上手くいっても、証券会社側の手続きが忙しい場合、口座開設が遅

れる可能性があります。

実際、**知名度の高いIPOが上場する際は、口座開設依頼が殺到する**ので、最短での口座開設とはなりません。

口座開設準備は早めに行うようにしてください。

● 各証券会社の最短口座開設日数と最短取引開始日数

証券会社	最短口座開設	最短取引開始	各申込方法
SMBC日興証券	当日	当日	アプリで当日、Webで最短3日、郵送で9日
松井証券	当日	当日	アプリで当日、Webで3日、郵送で1週間
野村證券	当日	当日	アプリで当日、Webで5営業日、郵送で7営業日
DMM.com証券	当日	当日	Webで当日、郵送で5日
SBI証券	当日	翌日	Webで翌日、郵送で10日
岡三オンライン	当日	翌日	Webで当日、郵送で1週間程度
大和証券	当日	翌日	Webと店頭で当日、郵送で5日〜2週間程度
マネックス証券	翌日	翌日	アプリで当日、Webで2〜3営業日、郵送で1週間〜10日
楽天証券	翌日	翌日	アプリで翌日、Webで約5営業日
auカブコム証券	翌日	翌日	アプリで翌日、Webで4営業日、郵送で7営業日
岩井コスモ証券	翌日	翌日	Webで翌日、郵送で5営業日
みずほ証券	3営業日	3営業日	アプリで最短3営業日、店頭で3〜4営業日、Webで10営業日
SBIネオトレード証券	1週間	1週間	IPOを含めた取引はIDとパスワードが到着次第

04 各証券会社の比較と口座開設選びのポイント

1 口座開設選びのポイント

証券口座を開設する際には、次のような各証券会社の特徴を踏まえたうえで選びましょう。

- 取引手数料が安い
- 取引ツールが便利でチャートが見やすい
- 注文方法が多彩で自動売買に便利
- お問合せ時の返信が丁寧
- 掲載している情報やレポートが多い

手数料以外のサービスも、自分に合っている証券会社を選ぶといいよ！

一つの証券会社のサービスがすべてのポイントで優れており完璧ということはなく、各証券会社で力を入れているサービスが異なります。

取引手数料は安いに越したことはありませんが、投資初心者の場合、「問合せ時の返信が丁寧かどうか」も重要です。問合せした際の返信が機械的だと心が折れそうになります。

また、通常の株式投資での利用も考えると、取引ツールの違いや注文方法の違いも重要になってきます。**手数料に注目が行きがちですが、それ以外の項目も考慮して選択するようにしたいです。**

本書では、ＩＰＯ投資に役立つ内容で比較してみます。

2 取引手数料のタイプは大きく分けて2つ

買いや売り注文を出し、売買が成立すると**取引手数料**が発生します。

取引手数料のプランは各証券会社で違いますが、大きく分けると２つのプランがあります。

- **一回の約定ごとに取引手数料が発生するプラン**
- **一日の約定代金の合計金額により、取引手数料が発生するプラン**

証券会社によって、
手数料はいろいろ！
ネット証券の方が安いことが
多いよ！

約定(やくじょう)とは、売買の取引が成立することです。

約定代金とは、取引が成立した価格に取引した株数をかけた合計金額です。700円の株を200株購入した場合、約定代金は14万円になります。

同一日に、A株を700円で200株購入、B株を500円で100株売却した場合、一日の約定代金の合計は19万円(14万円+5万円)になります。

なお、取引手数料プランは多くの証券会社で一日ごとに変更が可能となっています。

本書のテーマであるIPO投資の場合、当選したIPO株の**購入手数料はどこの証券会社でも無料**になります。

売却する際は各証券会社の取引手数料プランの取引手数料が発生します。

一回の約定ごとに取引手数料が発生するプラン

主な証券会社の取引手数料の比較です。

対面型の証券会社については店頭にて注文をした場合はネット注文より取引手数料が高くなります。

一回の約定ごとに取引手数料が発生するプランは、ほとんどの証券会社で用意されています

(次のページの表)。

一日の約定代金の合計金額により取引手数料が発生するプラン

一日の約定代金の合計金額により取引手数料が発生するプランは、一部の証券会社で用意されている手数料プランです。

松井証券の場合はこちらの手数料プランしか用意されていません。

次ページの表は、一日の約定代金の合計で取引手数料が発生するプランの主な証券会社の比較です。

松井証券以外は一日の約定代金の合計が100万円まで無料です。

本書で紹介しているIPO投資だけを行う場合は、一日の約定金額の合計で手数料が決まるプランが個人的にお勧めです。

● 主な証券会社の1回約定ごとの取引手数料の比較（税込）

約定金額	5万円	10万円	20万円	30万円	50万円
SBI ネオトレード証券	50円	88円	100円	198円	198円
GMO クリック証券	50円	90円	100円	260円	260円
DMM.com 証券	55円	88円	106円	198円	198円
マネックス証券	55円	99円	115円	275円	275円
SBI 証券	55円	99円	115円	275円	275円
楽天証券	55円	99円	115円	275円	275円
au カブコム証券	55円	99円	115円	275円	275円
岡三オンライン	108円	108円	220円	385円	385円
SMBC 日興証券（ネット取引）	137円	137円	198円	275円	440円
野村證券（ネット取引）	152円	152円	330円	330円	524円
SMBC 日興証券（対面取引）	5,500円	5,500円	5,500円	5,500円	6,325円
野村證券（対面取引）	2,860円	2,860円	2,860円	4,290円	7,150円

筆者もこちらを選択しています。

3 お問合せ時の返信が丁寧な証券会社

投資初心者の場合、証券会社の提供するツールや取引方法、株式投資に関することでわからないことが出てくると思います。

証券会社に問合せをし、返信内容が丁寧で的を得ていると投資初心者は助かります（経験談）。

筆者が個人的に、お問合せ時の返答内容や返答スピードが速いと思う証券会社を5社紹介します（93ページの表を参照）。

なお、筆者は過去に何度か「同じ質問を同じ時期に各証券会社に質問する」ということをやっております（対応を比較するため）。

担当者名：担当者名を名乗る証券会社が個人的には好きです。やはり、担当者名を名乗る方が返答内容に責任感を持つと感じています。

● 主な証券会社の取引手数料の比較（税込）

約定金額	一日の約定代金の合計		
	～50万円	～100万円	200万円
SBIネオトレード証券	無料	無料	1,100円
GMOクリック証券	無料	無料	1,238円
SBI証券	無料	無料	1,238円
岡三オンライン	無料	無料	1,430円
楽天証券	無料	無料	2,200円
auカブコム証券	無料	無料	2,200円
松井証券	無料	1,100円	2,200円

返答先：登録したアドレスに返信をもらえる証券会社と、ログインして返信を確認する証券会社があり、登録したアドレスに返信をもらえる方が手間がかからず便利です。
なお、対応される担当者にもよると思いますので、あくまでも参考にしてみてください。

4 ＩＰＯ投資における各証券会社の比較一覧

ＩＰＯ投資を行うことを前提に、各証券会社を次の項目で比較してみました。

- **幹事数の違い（幹事数が多いほどＩＰＯの参加機会が増える）**
- **抽選方式の違い（平等抽選は資金力の大小関係なし）**
- **抽選資金が事前に必要・必要なしの違い（必要なしが気軽に参加できる）**

抽選方式は個人投資家を対象とした抽選方式を掲載しています。幹事数は２０２２年の実績です。

個人的に問合せ時の返答が良いと思う証券会社５社

証券会社	担当者名	返答先
マネックス証券	名乗る	メール
松井証券	名乗る	ログイン先
SMBC 日興証券	名乗らない	メール
野村證券	名乗らない	ログイン先
岡三オンライン	名乗る	メール

IPO 投資で個人的におすすめの証券会社

おすすめの証券会社	幹事数（2022年）	おすすめの理由
マネックス証券	60社	平等抽選を採用。筆者の当選回数が多い。未成年口座も利用可能。お問合わせ時の返信も丁寧で初心者向き。
SMBC 日興証券	47社	平等抽選やステージ抽選。筆者の当選回数が多い。年間の主幹事数も多い。（2022年は24社）
SBI 証券	89社	口数比例抽選など。幹事数が最も多い証券会社。落選でポイントをもらえる仕組みも面白い。
松井証券	55社	平等抽選など。抽選資金不要で気軽に IPO に参加できる。年間の幹事数は増加傾向。2023年5月末時点で全体の77.8%の幹事に。
大和コネクト証券	42社	平等抽選や優遇抽選を採用。委託幹事なので IPO に申し込めることに気づかない人も多く穴場的な証券会社。

● IPO投資で考えた際の各証券会社の比較

証券会社	幹事数	抽選方法	抽選資金不要
SBI証券	89社	口数比例抽選・ポイント配分 裁量配分	×
楽天証券	65社	口数比例抽選	×
マネックス証券	60社	平等抽選	×
松井証券	55社	平等抽選・裁量配分	○
SMBC日興証券	47社	平等抽選・ステージ制 裁量配分	×
みずほ証券	47社	平等抽選・裁量配分	○
大和証券	42社	平等抽選・裁量配分	×
大和コネクト証券	42社	完全抽選・優遇抽選	×
野村證券	38社	平等抽選・裁量配分	○
岡三証券	38社	平等抽選・裁量配分	×
岡三オンライン	38社	平等抽選・ステージ制	○
岩井コスモ証券	37社	平等抽選・ステージ制 裁量配分	×
三菱UFJモルガン・スタンレー証券	23社	平等抽選・裁量配分	×
auカブコム証券	23社	平等抽選	×
SBIネオトレード証券	21社	完全抽選・ステージ制	○
DMM.com証券	10社	平等抽選	○
GMOクリック証券	0社	平等抽選	×

4時限目 IPO株を購入する手順をみてみよう

01 ＩＰＯに実際に参加してみよう

1 承認された銘柄から選ぶ

証券会社に口座開設し、ＩＰＯへの参加準備が整ったら、実際にＩＰＯ投資を始めてみましょう。

本書で紹介しているＩＰＯ投資は、上場されている銘柄のようにいつでも投資ができるわけではなく、証券取引所の審査によりＩＰＯが承認された銘柄から選ぶ必要があります。

3月、6月、12月はＩＰＯの承認が多く参加しやすい

ＩＰＯの承認数は月によりばらつきがあります。3月や6月、12月は上場する企業が多く、1月や5月、8月は上場する企業が少なくなります。

次ページの表は２０２２年の月別ＩＰＯ数です。12月は25社と全体の27％を占めています。

特に12月は例年、年全体の2割以上のＩＰＯが承認され、抽選に参加できる機会が多くなります。

2 人気の高いＩＰＯに参加しよう

初値（上場後にはじめにつく価格）が、**公開価格（上場前の価格）を上回るＩＰＯ**には、いくつかの特徴があります。

ＩＰＯ投資では、次ページの表にある特徴を満たすＩＰＯに積極的に参加して、当選を狙っていきたいです。

この表にある用語はＩＰＯ初心者や投資未経験者には難しいと思いますので、「こんなところをチェックしているんだな」程度でご覧ください。

● 2022年の月別IPO数

月	IPOの数
1月	0社
2月	7社（全体の8%）
3月	8社（全体の9%）
4月	9社（全体の10%）
5月	1社（全体の1%）
6月	12社（全体の13%）
7月	4社（全体の4%）
8月	2社（全体の2%）
9月	9社（全体の10%）
10月	9社（全体の10%）
11月	5社（全体の5%）
12月	25社（全体の27%）

● IPO の人気を分ける項目

チェック項目	人気が高まる要素	人気が低くなる要素
事業内容	その時代で人気のある業種 2022 年 AI 関連事業 2021 年セキュリティ・EC	斜陽産業 地味系の事業
業績	伸びている 黒字化していると人気	頭打ち
市場からの吸収金額	小さい 小さいほど人気化しやすい	大きい
オファリングレシオ	低い 低いほど初値が上昇しやすい	高い
公開市場	東証グロース	東証スタンダード 地方証券取引所
公募株と売出株の割合	公募株の割合が高い	売出株の割合が高い
公開株数	少ない 少ないほど人気化	多い
ロックアップ	あり	なし
上位株主	経営陣や関連会社	ベンチャーキャピタル
知名度	高い	低い
株価の割安性	割安	割高
手取金の使途	人材やシステムに投資	有利子負債の返却
株式市場の活況度	活況	不況
同時期に上場する他の IPO	ない	複数あり

＊用語の解説は 237 ページを参照してください。

特にこの表の中で注目したいのは、次の4つです。

- **事業内容**
- **業績**
- **市場からの吸収金額**
- **オファリングレシオ**

投資初心者でも、簡単に人気の高いIPOに参加する方法を次に紹介します。

将来性の高い事業内容のIPOは人気が高い

事業内容は、**将来性が高いと推測される事業**を行うIPOに人気が集まりやすいです。

2023年は、数年IPOとして人気が続いているAI開発を行っている事業、VTuber事業や月面開発事業などの目新しい事業内容のIPOの人気が高いです。

ちなみに、人気の高い事業内容は年ごとに変わりやすく、2013年頃はバイオ系のIPOに人気がありました。

業績の推移や伸びをチェック

業績では、**売上高がきれいに右肩上がりに上昇している企業**の人気が高いです。利益に関してもしっかりと黒字で成長を続けている企業は上場後でも買われやすいです。

ただし、スタートアップ企業など、企業戦略として目先の利益よりも、先行投資を優先している場合、売上高は右肩上がりに伸びているものの、赤字額が膨らんでいる企業もあります。

こういった企業の場合、株式市況の活況度や投資家心理にＩＰＯの人気度は左右されます。

市場からの吸収金額は小さい方がいい

市場からの吸収金額とは、ＩＰＯによって**企業が調達する資金額**のことです。

公開株数と公開価格を掛け合わせた金額で、企業の資金調達規模を示す指

● 2022年のグロース市場における吸収金額ごとのIPO実績

吸収金額	IPO数	初値＞公募価格	騰落率	初値売り損益
1億〜5億円未満	7社（全体の8%）	7社（100%）	97.22%	143,886円
5億〜10億円未満	24社（全体の26%）	24社（100%）	108.03%	124,821円
10億〜15億円未満	10社（全体の11%）	9社（90%）	45.48%	38,480円
15億〜20億円未満	2社（全体の2%）	1社（50%）	1.08%	2,500円
20億〜30億円未満	11社（全体の12%）	8社（73%）	48.25%	84,509円
30億〜50億円未満	8社（全体の9%）	6社（75%）	22.37%	45,025円
50億〜100億円未満	7社（全体の8%）	5社（71%）	17.22%	32,586円
100億円〜	1社（全体の1%）	1社（100%）	8.72%	10,200円

2022年のグロース市場における吸収金額ごとのIPO実績（庶民のIPOより）

標です。

市場からの吸収金額（公開規模）が小さければ小さいほど、IPOとしての人気が高くなります。

特に成長株が集まる東証グロース市場に上場するIPOの場合、**吸収金額が10億円未満のIPOの人気が高くなる**傾向にあります。

市場からの吸収金額が大きすぎると、投資家の資金が分散し初値が上昇しづらくなります。

オファリングレシオが低いほど初値が上昇しやすい

オファリングレシオとは、発行済み株式数をどの程度市場に放出するかを示す指標のことです。

公開株数を発行済み株式数で割ったもので、オファリングレシオの数値が高いほど、新規に市場に出回る株式の割合が大きくなります。

IPOは需給が絞られていると株価が上昇しやすいので、**オファリングレシオの数値は低い方が、**

● 2022年のオファリングレシオごとのIPO実績

オファリングレシオ	IPO数	初値＞公募価格	騰落率	初値売り損益
10%未満	5社（全体の5%）	5社（100%）	140.79%	216,540円
10～20%未満	26社（全体の29%）	20社（77%）	56.69%	78,954円
20～30%未満	33社（全体の36%）	27社（82%）	38.92%	54,312円
30～40%未満	17社（全体の19%）	13社（76%）	31.75%	48,235円
40～50%未満	7社（全体の8%）	5社（71%）	35.77%	49,671円
50%以上	3社（全体の3%）	2社（67%）	3.32%	6,567円

ＩＰＯで人気が高く初値が上昇しやすくなります。目安として、オファリングレシオは24％〜26％くらいが標準で、それより低いと需給が絞られていると考えられます。

前ページの表にある通り、オファリングレシオの数値が低いほど、騰落率は高くなる傾向にあります。つまり、公開価格より初値が高くなりやすいので利益を得やすくなります。

3 ＩＰＯの紹介ブログの評価を参考にする

人気の高いＩＰＯの特徴を紹介しましたが、ＩＰＯ初心者や投資初心者が、人気のあるＩＰＯかどうかを判断するのは難しいです。また、仕事や家事をこなしながらすべてのＩＰＯをチェックし分析するのは時間的に厳しいと思います。

そこで、簡単にどのＩＰＯに参加すればいいかを判断する方法として、ＩＰＯの紹介ブログの評価を参考にするという方法があります。

筆者が運営している「**庶民のＩＰＯ**」では、ＩＰＯの初値上昇の期待値を「Ｓ・Ａ・Ｂ・Ｃ・Ｄ」の5段階で評価しています。

評価Ｓが最も初値への期待値が高く利益が見込め、評価Ｄは初値への期待値が低く損失となる公募割れも考えられるという評価です。

参考までに、「庶民のＩＰＯ」による2022年のＩＰＯの五段階評価ごとの実績を次ページの表に掲載します。

騰落率とは、初値が公開価格に対してどれくらい上昇したのかを示す指標です。実績を見ると評価が大きくズレていないことがわかります。

庶民のＩＰＯの五段階評価でいえば、評価Ｓと評価Ａは損失リスクが低く利益が見込めるので、積極的に参加したいＩＰＯになります。

多少の損失リスクも取るなら、評価ＢのＩＰＯにも参加することで、ＩＰＯへの参加機会が増え、当選チャンスが広がります。

ＩＰＯが初めての方は、ＩＰＯの紹介ブログの評価を参考にすることで、各ＩＰＯに参加しやすくなると思います。

また、参考にするブログはひとつだけでなく、複数見ることでＩＰＯの参加・不参加の参考にしやすいと思います。

私の五段階評価の付け方

筆者は18年間ＩＰＯを見続け、また実際に参

● 庶民のIPOの評価と騰落率などについて

評価	IPO数	初値＞公募価格	騰落率	初値売りによる平均損益
S 期待大きい	2社（全体の2%）	2社（100%）	307.78%	415,500円
A 期待できる	7社（全体の8%）	7社（100%）	106.15%	151,186円
B ふつう	38社（全体の42%）	34社（89%）	63.81%	91,497円
C ややリスクあり	39社（全体の43%）	27社（69%）	14.04%	19,705円
D 損失リスクあり	5社（全体の5%）	2社（40%）	-2.05%	-3,900円

加することにより、初値が上昇しやすいＩＰＯと下落しやすいＩＰＯのパターンがわかってきました。「人気の高いＩＰＯに参加してみよう（98ページ）」で紹介したＩＰＯ人気が高くなる要素に加え、自身の投資の相場観を加えて五段階評価を行っています。

２０２３年3月に上場したカバー（５２３５）は5段階評価で上から2番目に高い「Ａ」という評価をつけましたが、その評価をつけた理由はこちらです。まずはプラスの要素です。

事業内容 **ＩＰＯで人気の高いVTuber事業。２０２２年5月に上場した同業他社のANYCOLOR（５０３２）の初値は公開価格の3・1倍と人気。同業種ということでカバーへの期待も高まる。**

業績 **売上高が右肩上がりで業績の伸びが良く高成長。また、同業他社のANYCOLORの決算が良く、カバーの業績も同様に良いことが予想された。**

株式市況 **上場市場のグロース市場はいったん底を打ち、弱いながらもやや堅調に推移する展開へ。ANYCOLORの株価がカバーの上場日が近づくにつれ上昇しており、VTuber事業の人気の高さが改めて確認される。**

続いて、マイナスの要素です。

需給面　市場からの吸収金額が107億円と大きく、オファリングレシオは23・3%と標準的ではあるものの需給的には荷もたれ感があり、初値がやや上昇しづらい内容に。（ANYCOLORは吸収金額27・5億円、オファリングレシオ6%と需給面が軽くプラス要素に）

以上から、事業内容の人気は高く投資家の注目度が非常に高いものの、需給面の重さが初値の伸びを抑えると判断しました。また、ANYCOLORとの比較で評価を「A」としました（カバーの初値は公開価格の2・3倍に）。

4 ブックビルディングに参加する

参加するIPOが決まったら幹事証券からIPOのブックビルディングに参加します。

ブックビルディングはIPO株の需要申告を行うことですが、その期間は大体5日間程度です。

ブックビルディングの期間は、IPO承認時の**目論見書**(もくろみしょ)に書かれています。

● ABEJAの主幹事と幹事証券

主幹事証券	・野村證券
引受幹事証券	・マネックス証券 ・松井証券 ・SBI 証券 ・楽天証券 ・みずほ証券 ・三菱 UFJ モルガン・スタンレー証券
委託幹事証券	・auカブコム証券

● 2023年6月のIPOスケジュール

2023年6月のIPOスケジュール

2023年6月のIPOスケジュールです。(2023年の上場数：26社、6月予定IPO：18社)

上場日(評価)	証券コード	企業	ブックビルディング	仮条件・公開価格	状態
	市場		抽選資金（上限）	予想利益	
6/22 (木)	5532	リアルゲイト	6/7 (水)～6/13 (火)	(想定) 1,790円	上場予定
B	グロース	主幹事：大和証券	17万9,000円あたり	1万8,000円～3万6,000円	
6/22 (木)	5577	アイデミー	6/6 (火)～6/12 (月)	(想定) 710円	上場予定
S	グロース	主幹事：みずほ証券	7万1,000円あたり	7万1,000円～14万2,000円	
6/21 (水)	5576	オーピーシステム	6/6 (火)～6/12 (月)	(想定) 1,710円	上場予定
B	スタンダード	主幹事：SMBC日興証券	17万1,000円あたり	2万9,000円～6万円	
6/21 (水)	9158	シーユーシー	6/5 (月)～6/9 (金)	(想定) 1,670円	上場予定
C	グロース	主幹事：三菱UFJモルガン・スタンレー証券	16万7,000円あたり	-9,000円～3万3,000円	
6/14 (水)	5575	Globee (グロービー)	5/30 (火)～6/5 (月)	仮条件：1,080円～1,150円	上場予定
B	グロース	主幹事：大和証券	11万5,000円	3万6,000円～6万8,000円	
6/13 (火)	5574	ABEJA (アベジャ)	5/29 (月)～6/1 (木)	仮条件：1,450円～1,550円	上場予定
A	グロース	主幹事：野村證券	15万5,000円	7万9,000円～17万1,000円	

+ 2023年6月の自分用メモを残す

ＡＢＥＪＡのＩＰＯのブックビルディング期間は5月29日〜6月1日でした。前ページの表はＡＢＥＪＡの幹事証券ですが、委託幹事証券のａｕカブコム証券は目論見書に載っていません。

委託幹事証券からもＩＰＯに参加するのがＩＰＯの当選確率を上げるコツです。委託幹事については、6時限目で詳しく紹介します。

ブックビルディングに参加するには、**抽選資金を用意する**必要があります。VTuber事業のカバー（５２３５）の仮条件は、７１０〜７５０円でした。

ＩＰＯは１００株単位で申し込むので、申し込む価格×１００株分の抽選資金が必要になります。つまり、上限価格で申し込むには7万５０００円が必要です。

5 欲しいＩＰＯ株は、仮条件の上限価格または成行注文で申し込む

ブックビルディングに参加し、抽選で当選を目指すには特定の条件を満たす必要があります。それは、後日決まる**公開価格以上の価格でブックビルディングに申し込むこと**です。抽選は公開価格以上でブックビルディングに参加された方を対象に行われます。

ＩＰＯ投資は非常に人気が高く、**仮条件の上限価格で決まることがほとんどです**。つまり、仮条件の上限価格以下の価格でブックビルディングに申し込むと、抽選対象外（抽選されず落選扱い）になる可能性があります。

ＩＰＯの当選狙いで申し込む場合は、「**仮条件の上限価格**」または「**成行**（なりゆき）**注文**」で申し込みましょう。

ブックビルディングにおける**成行注文とは公開価格で購入**するという意味です。

例を挙げると、カバーの仮条件は７１０〜７５０円、公開価格は上限価格の７５０円で決定しました。ブックビルディング期間中に７４０円で需要申告した場合、公開価格より下の価格なので抽選対象外となります。

慣れれば数分で
申し込めるので、
通勤電車などでも
できるよ！

IPOの申込みは1証券あたり1分！

ＩＰＯに初めて申し込む方は、「どうやってＩＰＯに申し込んだら良いのかわからない…」と不安かと思います。

筆者の場合、ＩＰＯの申し込みはとても簡単で、すぐに覚えられます。

ＩＰＯ歴７ヶ月の方から以前メールをいただいたことがあり、その方も一証券あたり1～2分で申し込めたということですので、慣れるとこれくらいで完了します。

ＩＰＯにはじめて申し込まれる方は、一社あたり10分くらいを目安に申し込んでみて下さい。

最初は分からないことが多く、時間がかかると思います。

6 実際の画面で参加手順を説明

実際にマネックス証券のキャプチャ画面を使いながら、ブックビルディングへの参加手順を説明したいと思います。

❶ログインして新規公開株（IPO）をクリック

ログインして「商品・サービス」にカーソルを合わせます。サブメニューが展開しますので、「新規公開株（IPO）」をクリックします。

❷「取扱銘柄一覧」をクリック

❸ブックビルディング期間中のIPOの「需要申告」をクリック

マネックス証券で取り扱っているIPOの一覧が表示されます。ブックビルディング期間中のIPOには「需要申告」のリンクが表示されますので、申し込みたいIPOの「需要申告」をクリックします。

❶ログインして新規公開株（IPO）をクリック

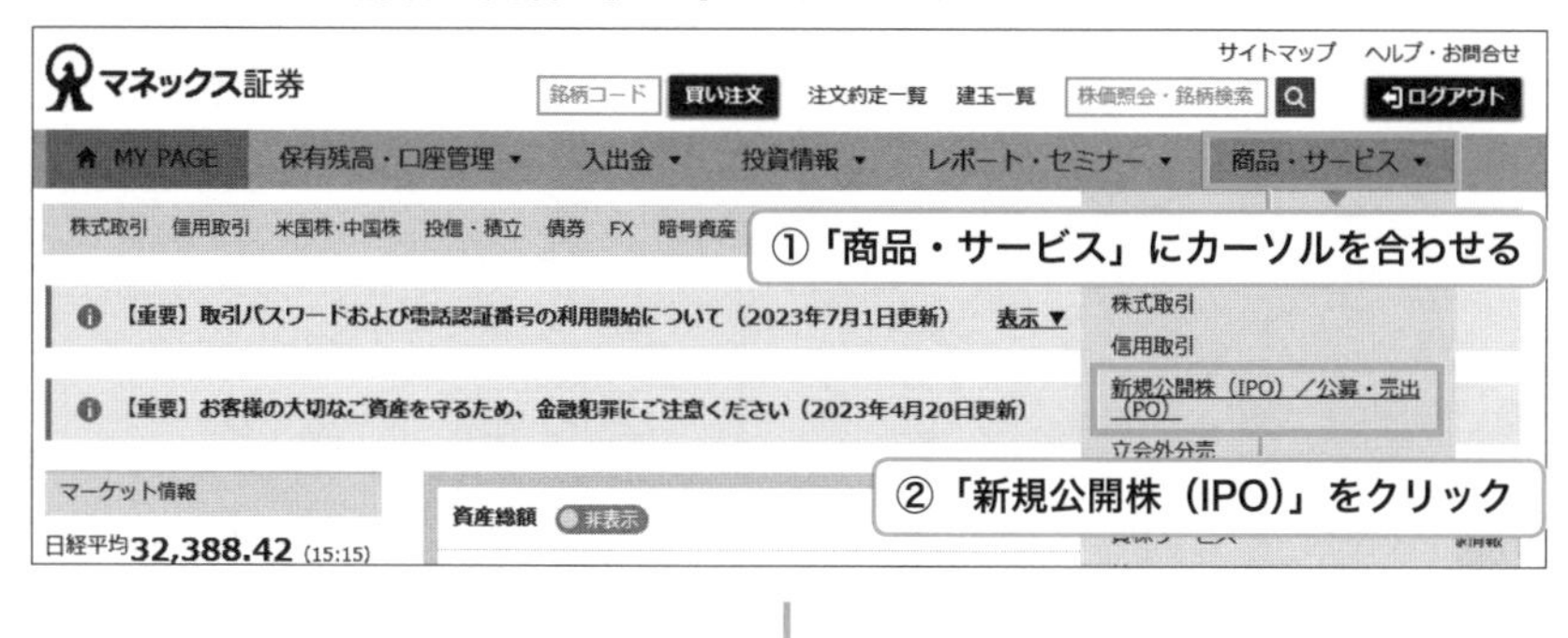

❷取扱銘柄一覧をクリック

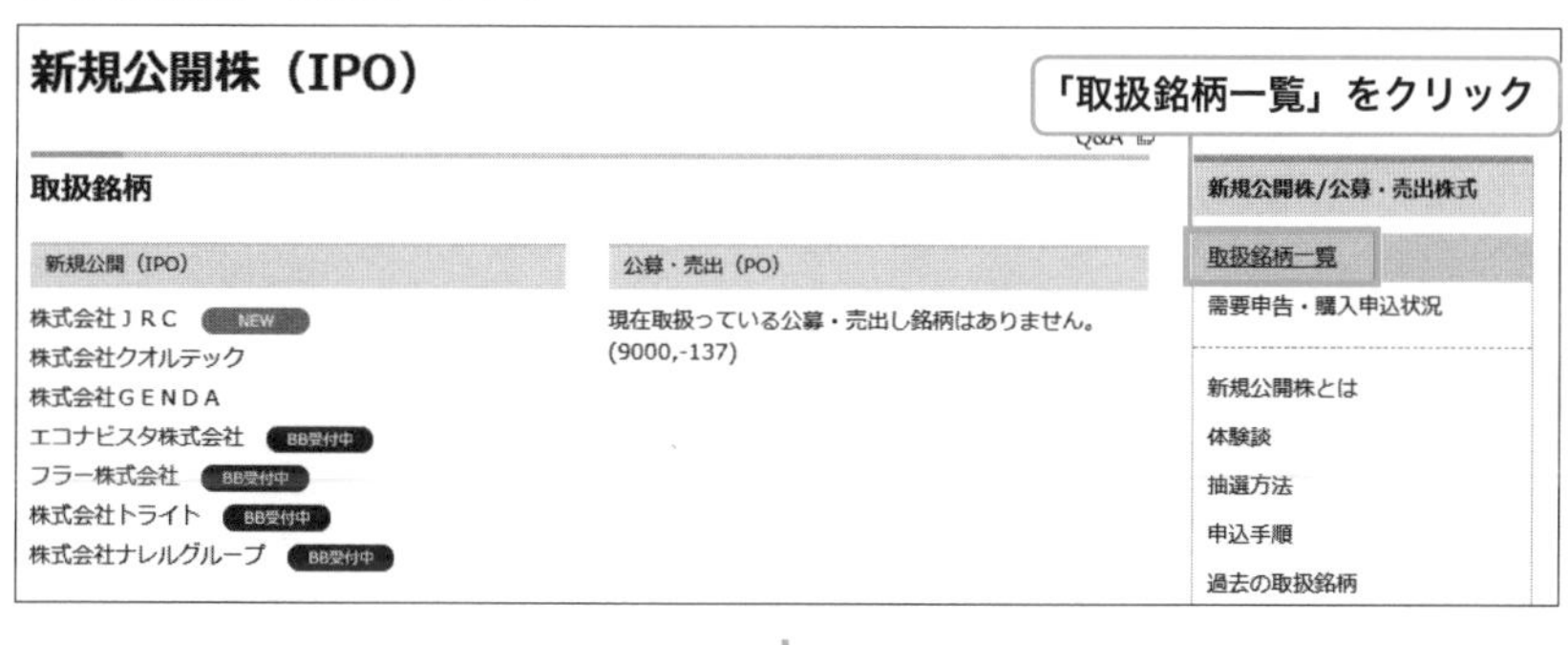

❸ブックビルディング期間中のIPOの需要申告をクリック

	ブックビルディング期間	公開日	申込数単位	募集・売出価格	売出数
	事業内容				
FULLER	フラー株式会社 5583	詳細情報 需要申告	東証グロース	1,100～ 1,320円	80,000株
	2023年07月07日（金）0:00 ～2023年07月13日（木） 11:00	07/25	100株	–	215,200株
	スマートフォンアプリを中心としたデジタル領域全般における事業開発コンサルティング・UI/UXデザイン・システム開発、アプリ利用データ分析等				
	株式会社トライト 9164	需要申告		1,100～ 1,300円	–
	2023年07月06日（木）0:00				

「需要申告」をクリック

④目論見書を確認して全て閲覧済みをクリック

ブックビルディングに参加するには、ＩＰＯの目論見書を確認する必要があります（目論見書には上場するＩＰＯの事業内容や業績などが書かれています）。

未閲覧書面一覧にある、目論見書の内容を確認します。

リンク先をクリックすると、内容が表示されますので確認したら「確認しました」をクリックします。未読の目論見書などを確認したら「全て閲覧済み」をクリックします。

⑤需要申告の内容を入力

需要申告の内容（申込み内容）を入力していきます。

申告数量 **最低数量の100株でOKです。マネックス証券は「平等抽選」を採用しています。100株申し込もうが500株申し込もうが当選確率は一緒です。資金が拘束されますので、最低数量でよいかと思います。**

申告価格 **成行にチェックを入れましょう。成行だと抽選対象外になることがありません。**

⑥内容を確認し「実行する」をクリック

ブックビルディングの申告内容を確認し「実行する」をクリックします。

以上でブックビルディングの申込みは完了です。おつかれさまでした。

❹目論見書を確認して全て閲覧済みをクリック

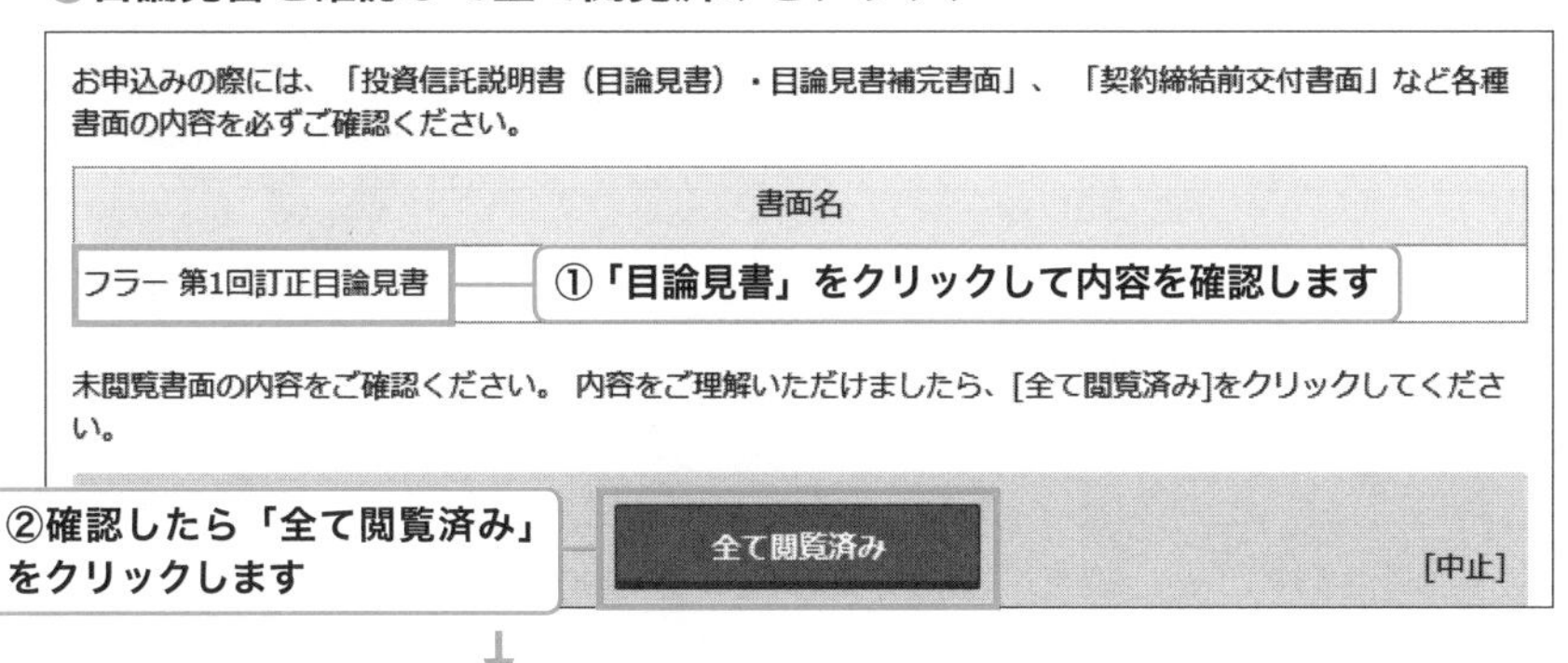

❺需要申告の内容を入力

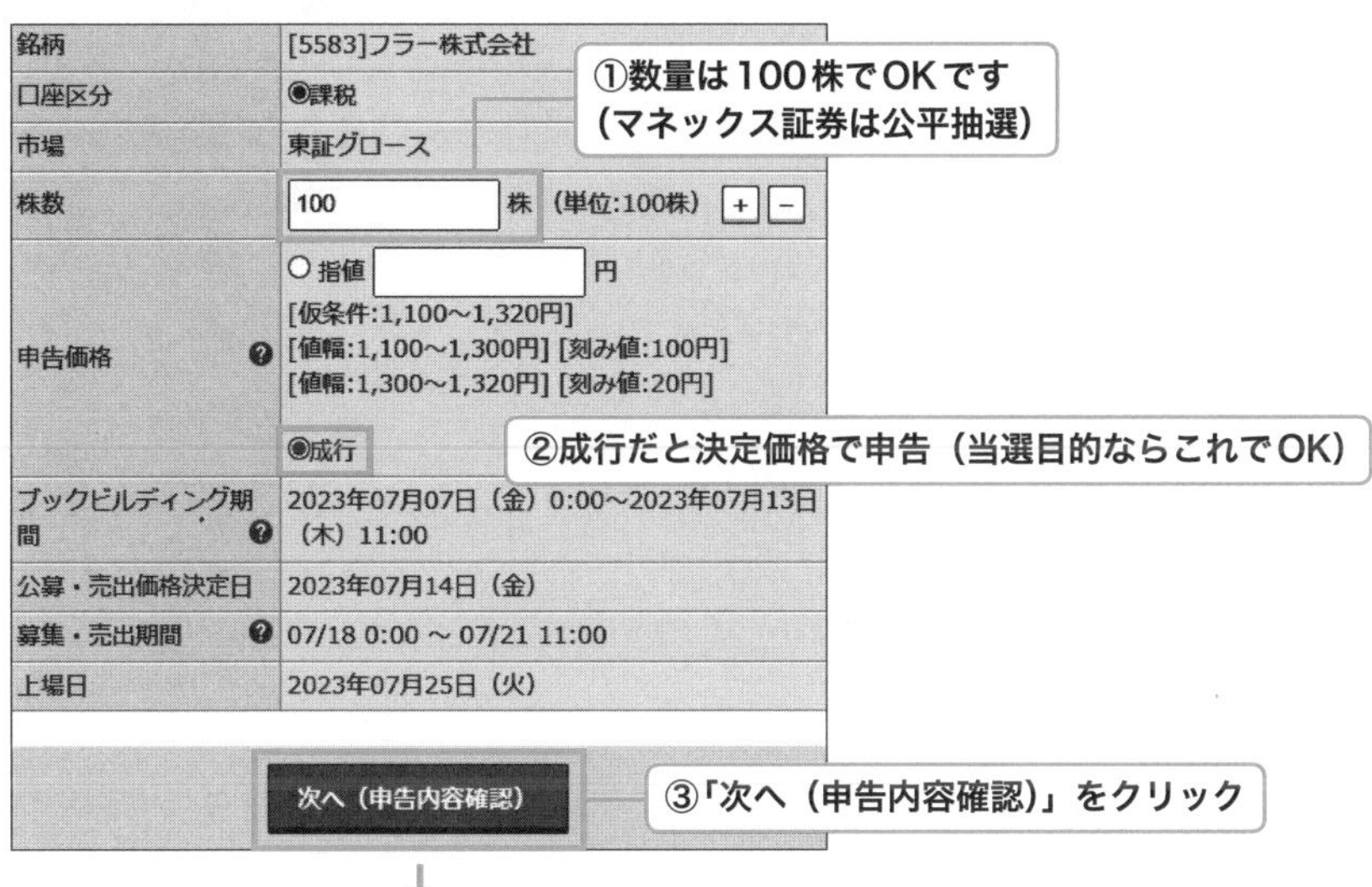

❻内容を確認し「実行する」をクリック

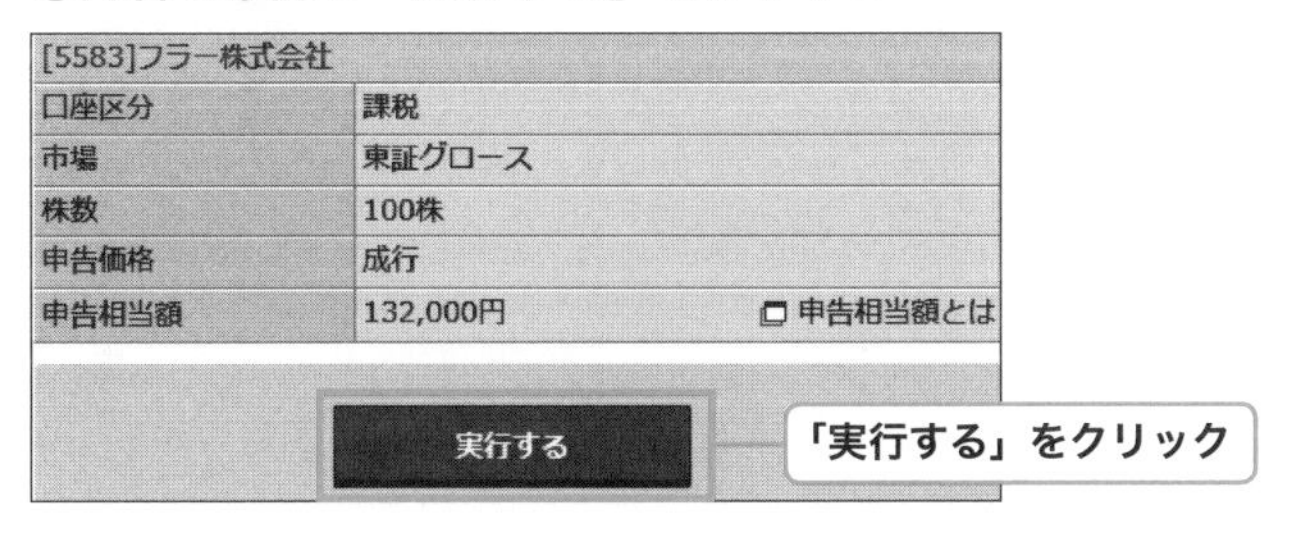

02 ＩＰＯ参加時の注意点

1 損失リスクのある不人気ＩＰＯの参加は見送る

ＩＰＯ投資の損失リスクは、上場前のＩＰＯ株を公開価格で購入し、上場後に公開価格より下がった株価で売却する**譲渡損失**です。

わかりやすく言えば、**高く買って安く売る**ことによる損失です。

上場後のＩＰＯ銘柄の株価が上昇するには、「買いたい！」と思う多くの投資家が買い注文を入れる必要がありますが、不人気ＩＰＯ銘柄では買い

● 公募割れ IPO と平均の損失額

年	公募割れしたIPO数	平均の損失額
2022年 全91社	19社 （全体の21%）	-13,232円
2021年 全125社	22社 （全体の18%）	-19,341円
2020年 全93社	23社 （全体の24%）	-19,504円
2019年 全86社	9社 （全体の10%）	-8,230円
2018年 全90社	9社 （全体の10%）	-22,056円

注文が集まらず、公開価格より株価が下落する可能性があります。

不人気のＩＰＯには参加しない、または参加する場合でも損失リスクを考慮して参加するようにしてください。

毎年、初値（上場後にはじめについた株価）が、公開価格を下回るＩ

●「庶民のIPO」の評価別　公募割れ数

年	評価A以上のみ参加	評価B以上のみ参加	すべて参加
2022年 全91社	対象9社 公募割れ：0社	対象47社 公募割れ3社（6.3%）	対象91社 公募割れ18社（19.7%）
2021年 全125社	対象24社 公募割れ：1社	対象84社 公募割れ5社（5.9%）	対象125社 公募割れ：20社（16%）
2020年 全93社	対象23社 公募割れ：1社	対象59社 公募割れ：5社（8.4%）	対象93社 公募割れ：23社（24.7%）
2019年 全86社	対象21社 公募割れ：0社	対象52社 公募割れ：0社	対象86社 公募割れ9社（10.4%）
2018年 全90社	対象54社 公募割れ：0社	対象70社 公募割れ：1社（1.4%）	対象90社 公募割れ：9社（10%）

ＰＯが全体の1～2割あります。

公募割れしたＩＰＯの大半は、「庶民のＩＰＯ」の五段階評価で評価Ｃや評価Ｄをつけているものです。

評価が低いＩＰＯへの参加を見送ることで、ＩＰＯ投資の損失リスクを減らせます。

2 ＩＰＯ当選を目的にしない

ＩＰＯに申込む目的は、「利益を得るため」ですが、ＩＰＯの抽選になかなか当選しないので、いつの間にか目的が「ＩＰＯに当選すること」になっている方を見かけます。

ＩＰＯ投資による損失リスクを避けたいなら、**公募割れしそうなＩＰＯには参加しない**ことです。また、参加するにしても、購入株数は低めにしておきたいです。

筆者もＩＰＯになかなか当選しない期間は、つい損失リスクが高いと思われるＩＰＯにも手を出してしまうことがあります（汗）。

3 ブックビルディング期間中の申込みを忘れない

ブックビルディングに参加できるのは約5日間です。

欲しいＩＰＯ株がある場合、忘れずに**期間中に申込みましょう**。

なお、各証券会社でブックビルディング申込みの開始期間や終了時間が多少違います。

申込み忘れを防ぐためにも、**申込期間の最初の方にブックビルディングに参加しておきたい**です。

なお、ブックビルディングの申込みを忘れぬようIPOスケジュールの一覧ページを印刷して壁に貼ったり、ノートやエクセルで独自にスケジュール管理している方もいらっしゃいます。

4 IPOの申込みを管理する無料サービスを利用する

IPOの申込み忘れを防ぐ方法のひとつとして、IPOの申込みを管理する無料サービスを利用する方法があります。

筆者が運営している「庶民のIPO」では、IPOの申込みや当選をボタンひとつで管理できる「IPO管理帳」を無料で提供しています。

インターネットがつながれば、どこでも利用できます。

ログイン不要の簡易版と、ログインは必要だけれども機能を充実させたログイン版がありますので、ぜひお試しください。どちらも無料です。

ＩＰＯ投資家ならわかると思いますが、ＩＰＯのブックビルディングが連続して発生すると、どこのＩＰＯに申し込んだのか、また、どこの幹事証券から申し込んだのかがわからなくなってきます。

ＩＰＯ管理帳は、そのようなＩＰＯの申込忘れや当選確認忘れを防ぐために開発した便利ツールです。

IPO管理帳の利用はこちら

5 抽選資金が一時的に拘束される

ＩＰＯの抽選時に**一時的に抽選資金が拘束**され、落選と共に口座に戻るという話を2時限目でしました。

抽選に利用した資金が一時的に利用できなくなることを「**資金の拘束**」と呼んでいます。

なお、資金とは**買付余力**（かいつけよりょく）のことで、証券口座にある現金や保有株の価値のことです。

買付余力は各証券会社でその対象範囲が異なりますが、本書では口座の現金とします。つまり、ＩＰＯ株の抽選や購入に利用する資金を指します。

抽選資金の拘束タイミングは各証券会社で異なりますが、主に3タイプあります。

❶IPOのブックビルディング時（抽選参加時）に拘束するタイプ
❷IPOの抽選時に拘束するタイプ
❸IPOに当選または補欠当選したときに拘束するタイプ

❶のタイプは、抽選参加〜当選確認まで資金が拘束されるので拘束期間が一番長く、❷は抽選参加時には資金が必要ありませんが、抽選日には資金が必要なタイプです。❸は抽選後に当選または補欠当選したときにだけ資金が拘束されるタイプで、資金の拘束期間が短くなります。

文章だけだとわかりづらいので、121・122ページに各証券会社の抽選資金の拘束期間がわかる図を入れます。

6 同一資金で他のＩＰＯの抽選に参加できる証券会社もある

同一資金（買付余力）で複数のＩＰＯのブックビルディングでの抽選に参加できる証券会社がありま す。

証券会社への入金が少なくて済むので、資金効率が良いです。

同一時期に20万円を必要とするA社のＩＰＯと、10万円を必要とするB社のＩＰＯがあり、証券会社に20万円入金（買付余力）されている場合

同一資金の利用可　**A社とB社のＩＰＯのブックビルディングに参加できる**

同一資金の利用不可　**A社またはB社のＩＰＯのブックビルディングに参加できる**

先ほどの抽選資金の拘束タイミングと一緒に、同一資金で抽選に参加できるかどうかを、各証券会社のタイプごとに表にしてみます。

● 買付余力の確認と資金拘束のタイミング　その1（2回申し込むタイプ）

証券会社	同一資金	入金 買付余力の確認 拘束 資金拘束のタイミング			
		抽選申込み（需要申告）1回目	購入申込み（抽選前）2回目	抽選時	当選（補欠）
楽天証券	×	入金	拘束		
auカブコム証券	×	入金	拘束		
岩井コスモ証券	×		入金 拘束		
GMOクリック証券	×			入金 拘束	

入金

IPO株を購入できる資金（買付余力）が証券会社の口座にあるかを確認されるタイミングのことです。

ここまでに、IPOに必要な抽選資金を入金しておきましょう。

証券会社に現金を入金するタイムリミットで、資金の拘束はありません。

拘束

IPOに必要な資金が買付余力から一時的に拘束され、他の株の売買などに利用できなくなるタイミングです。

落選すると資金は解放されます。

● 買付余力の確認と資金拘束のタイミング　その２（１回だけ申し込むタイプ）

入金 買付余力の確認
拘束 資金拘束のタイミング

証券会社	同一資金	抽選申込み（需要申告）	抽選時	当選（補欠）	購入申込み
マネックス証券	×	入金 拘束			
SMBC日興証券	×	入金 拘束			
三菱UFJモルガン・スタンレー証券	×	入金	拘束	次点	
東海東京証券	○	入金	拘束		
SBI証券	○		入金	拘束	
大和コネクト証券	○	入金	資金確認	拘束	
大和証券	○	入金	資金確認		拘束
岡三証券	○	入金	資金確認		拘束
松井証券	○	抽選資金が必要なし！			入金 拘束
野村證券	○	抽選資金が必要なし！			入金 拘束
岡三オンライン	○	抽選資金が必要なし！			入金 拘束
SBIネオトレード証券	○	抽選資金が必要なし！			入金 拘束
みずほ証券	○	抽選資金が必要なし！			入金 拘束

表では、上にある証券会社ほど、IPOの抽選に参加した際の資金の拘束期間が長くなります。マネックス証券とSMBC日興証券は、抽選申込み（需要申告）から資金が拘束されるので、拘束期間が一番長くなります。

また、同一資金も利用できません。

逆に、抽選資金を必要としない松井証券や野村證券では、口座への入金がゼロでもIPOの抽選に参加できるので、気軽にIPO投資にチャレンジすることが可能です（当選後に入金して購入が可）。

同一資金（買付余力）での重複申込みが可能な証券会社の注意点としては、同一抽選日のA社とB社に応募した場合、A社に当選または補欠当選すると、「当選または補欠当選した株数の資金」が拘束されます。

ギリギリの抽選資金で応募している場合、B社の抽選資金が足らず、抽選対象外となる可能性があります。

7 2回の申込みが必要な証券会社もある。申込み忘れにご注意を

大抵の証券会社はブックビルディング申込時のみの1回の申告で済みますが、ブックビルディング申込時（抽選申込み）と、購入申込み（購入する意思あり）の2回、IPOの申込みが必要

な証券会社があります（121ページの「買付余力の確認と資金拘束のタイミング　その1」の表にある証券会社）。

1回目 ブックビルディング申込時（需要申告）
2回目 抽選前の購入申込み（当選したら購入するという意思表示）

2回申込むタイプは、2回目の申込みを忘れやすいので注意が必要です。先ほど紹介したIPO管理帳などを利用して、申込み忘れを防ぎましょう。

筆者もIPO管理帳を利用するまでは、よく忘れていました…。

なお、2回申込むタイプの証券会社では、2回目の購入申込みの意思表示後に、抽選が行われます。

購入意思表示を抽選前にしていますので、抽選で当選した場合、そのままIPO株の購入となります。

8 証券会社のIDとパスワードを管理する無料ソフト

証券会社や銀行など金融関連のサービスにおいては、セキュリティが非常に重要で、それぞれのサービスで異なるログインパスワードを使用することが推奨されます。

同一のパスワードを複数のサービスで使用している場合、一つのサービスがセキュリティ侵害を受けた際、他のサービスも同時に危険にさらされることになります。

一方、異なるパスワードを利用するとセキュリティ面が向上するものの、その管理が大変になります。

筆者のお勧めは、**無料で使用できるパスワードの管理ツール**を利用することです。

筆者は「**ID Manager**」という無料ソフトを利用しています。

カテゴリ分けができるので証券会社だけでなくオンラインショップやSNSのログイン情報など、ありとあらゆるパスワードをこちらで管理しています。

ID Manager の
ダウンロードはこちら

● ID Manager

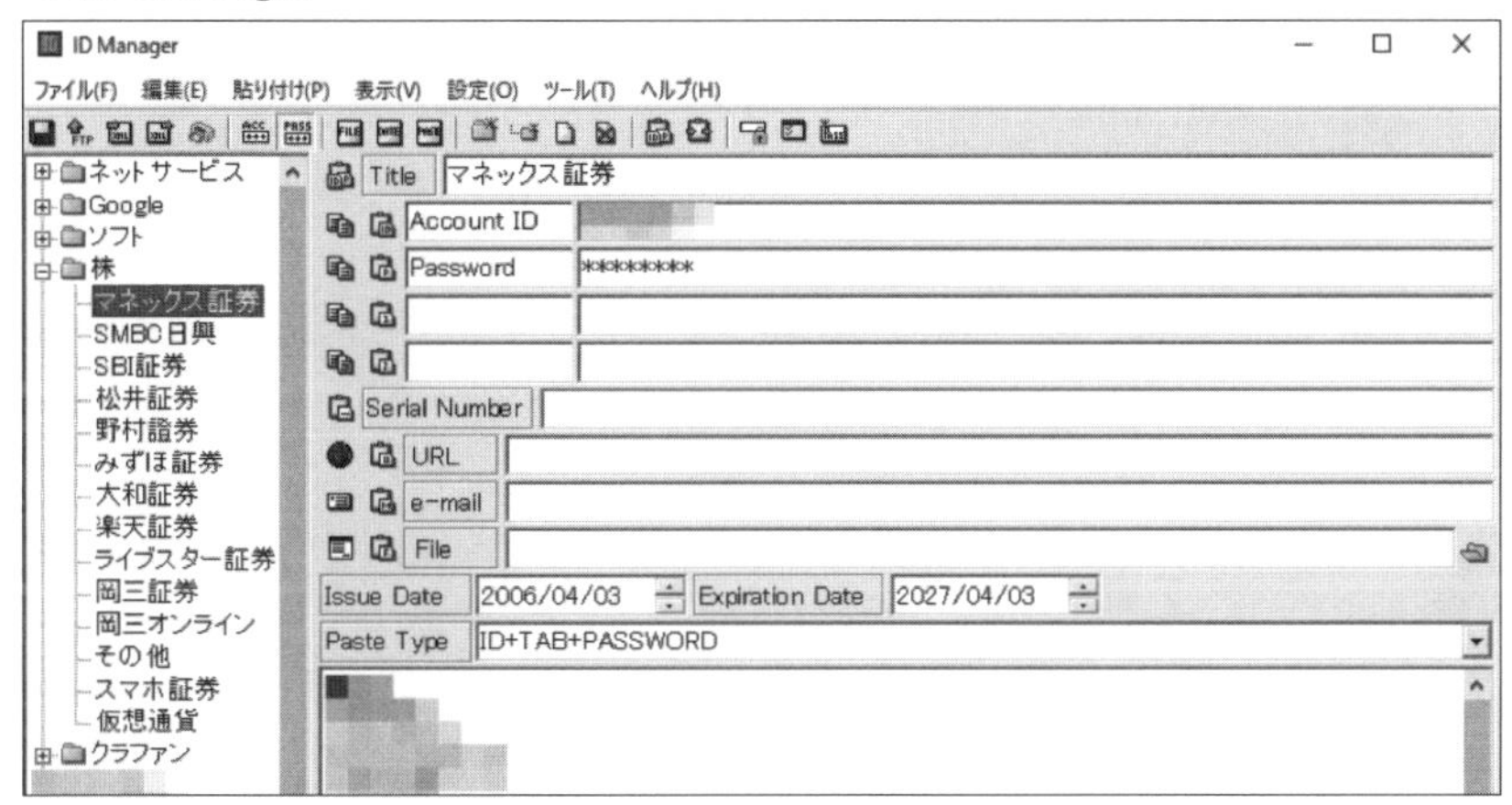

http://www.woodensoldier.info/soft/idm.htm

03 当選したＩＰＯ株の購入方法

1 購入期間内に購入手続きをする

ＩＰＯのブックビルディングに参加申込み後、抽選が行われ当選者が発表されます。

ＩＰＯの当選とは、**ＩＰＯ株を購入する権利を得る**ことです。ＩＰＯ株を購入したい場合、**購入期間内に購入手続きを行わないとＩＰＯ株を購入することができません。**

購入手続きといっても非常に簡単で、証券会社にログインして「購入」というボタンを押して、当選したＩＰＯ株を購入するだけです。

たまに購入を忘れてガッカリしている方を見かけます。

もう一度言いますが、**ＩＰＯの当選とは、**

> ○ **ＩＰＯ株を購入する権利を得ること**
> × **ＩＰＯ株を購入すること**

各証券会社により**ＩＰＯ株の購入期間**は異なりますが、数日間しかありません。**目論見書に掲載されている購入期間よりも短い場合が多い**ので注意してください。

ＩＰＯ株の購入手続き後、きちんと購入の処理がされているのかを確認しておきましょう。

購入できた場合、**購入済みや約定済と表示**されます。

無事、買えたかどうか自信がないときは、当選した証券会社に確認してみてください。

下の画面は、みずほ証券にて当選ＩＰＯ株を購入した際の画像です。

● 当選画面

当選 5585 エコナビスタ 東証

①抽選申込受付前 ▸ ②抽選申込受付中 ▸ ③抽選申込終了 ▸ ④抽選中 ▸ ⑤購入申込受付前 ▸ ⑥購入申込受付中 ▸ ⑦購入申込終了

募集情報

仮条件提示日	2023/07/05（水）
仮条件	1,180～1,300円 刻み値： 60円
抽選参加申込期間	2023/07/07（金）06:00～2023/07/13（木）10:00
公募・売出価格決定日	2023/07/14（金）
公募・売出価格	1,300円
抽選日	2023/07/14（金）
購入申込期間	2023/07/18（火）06:00～2023/07/20（木）15:30
上場日	2023/07/26（水）
申込可能数量	100株

抽選・購入情報

抽選申込日時	2023/07/07（金）16:16
購入申込（辞退）日時	2023/07/18（火）15:52
申込数量	100株
申込価格	成行
当選数量	100株 購入申込済 （100株当選確定）
補欠当選数量	--
預り区分	特定預り

2 当選後、IPO株の購入を忘れないコツ

IPOに当選したら必ず、当選した証券会社の購入期間と終了時間をチェックし、期間内に購入しましょう。

忘れないためのコツは次の通りです。

❶各証券会社の抽選日を確認しておく（大抵は公開価格決定日か、その翌営業日）
❷抽選終了後に当選しているかどうか確認する
❸当選していた場合、当選した証券会社での購入期間を確認する
❹購入期間中に当選IPO株を購入する

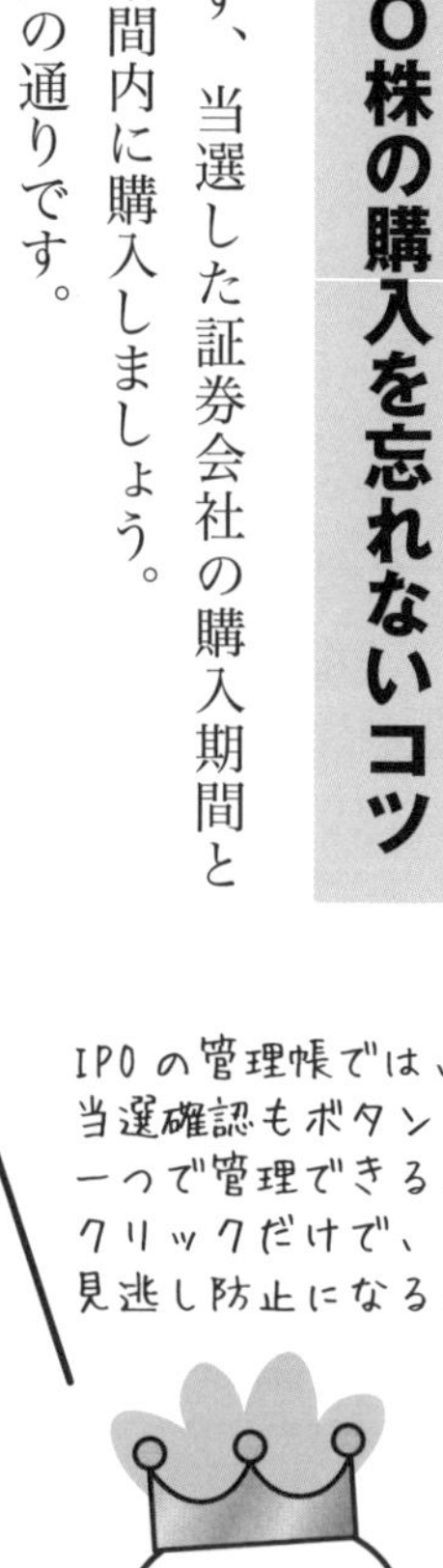

抽選終了後にメール通知が来る証券会社は便利

IPOの抽選が終わると登録したメールアドレスに通知が来る証券会社があります。

メール通知の設定が必要な場合もあるので確認しておきましょう。メールで抽選についての通知が来ると、当選確認や当選後の購入忘れの防止にもなります。

当選しても落選してもメールが届く証券会社の場合、落選したこともわかるので一番便利で安

心です。

次に便利なのは当選だけメールが届く証券会社です。この場合、落選時にはメールが来ません。

抽選が行われたことだけを通知するメールが届く証券会社の場合、証券会社にログインして、当落の結果を確認する必要があります。

筆者の場合、IPOに当選後、毎日みるパソコンのモニタに付箋を貼っています。アナログながらこれで購入を忘れたことがありません。

●通知タイミング別　証券会社一覧

通知タイミング	証券会社
当選と落選のメールが届く証券会社	マネックス証券
	SMBC日興証券
	岡三オンライン
	SBIネオトレード証券
	大和証券
	auカブコム証券
	岩井コスモ証券
当選だけメールが届く証券会社	大和コネクト証券
	SBI証券
	三菱UFJモルガン・スタンレー証券
抽選したというメールが届く証券会社	野村證券
	みずほ証券

3 補欠当選とは？

なんとなくおわかりかもしれませんが、補欠当選とは「**当選の補欠**」で、次の場合には繰り上がって「当選」になる可能性があります。

- **当選者が購入を辞退した場合**
- **当選者が購入期間中に購入しなかった場合**

なお、補欠当選になる対象数は各証券会社で違うと思われます。

筆者が補欠当選から「繰り上げ当選」となった回数は8回で、うち4回がマネックス証券、3回が野村證券です。

補欠当選になる機会は多いものの、繰り上げ当選になったことがないのはSBI証券です。補欠当選の対象となっている人数は公表されていないので推測するしかありませんが、実体験として補欠当選から繰り上げ当選しやすい証券会社としづらい証券会社があります。

もっとも、当選の辞退者が出ない限り、繰り上げ当選はありませんので、深く考える必要もありません。

補欠当選時も当選と同様に当選IPO株の購入手続きをする必要があります。

購入手続き後、「繰り上げ当選」または「繰り上げなしとして落選」となります。

4 当選したIPOは購入を辞退できる

当選したIPO株は購入を辞退することができます。

IPO株の当選とは、IPO株を購入する権利を得ることだと説明しましたが、その**購入権利を辞退**することができます。

IPOの当選後、当選確認画面に「購入」と「辞退」というボタンが各証券会社で用意されています。

下の画面はSBI証券のIPO当選後の画面です。

これまでの説明を見てきた方は「なぜ当選を辞退？」と思われるかもしれませんが、次の場合などにIPO株の購入辞退が起きやすくなります。

● 購入辞退の画面

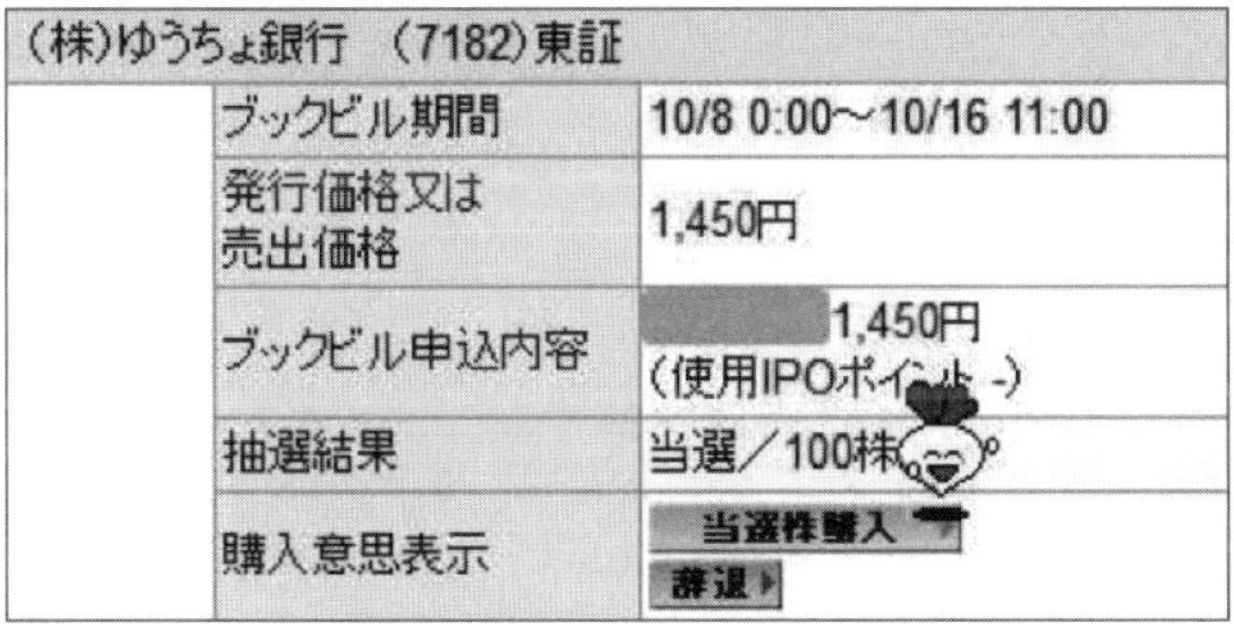

(株)ゆうちょ銀行　(7182)東証		
	ブックビル期間	10/8 0:00～10/16 11:00
	発行価格又は売出価格	1,450円
	ブックビル申込内容	1,450円 (使用IPOポイント -)
	抽選結果	当選／100株
	購入意思表示	当選株購入 辞退

- 株式市況が悪化（地政学リスク、景気動向など）
- 関連銘柄が軒並み下落（同業他社の決算が悪いなど）
- 当選IPO株に悪いニュースが出た
- 購入資金が足りなくなった、もしくは他の用途に資金を利用したい
- とりあえず参加してみたけど、やっぱり購入するのをやめたい

当選を辞退する理由はさまざまです。

ブックビルディング開始から購入期間の終了までは10日間程度ありますので、株式市況や、IPO参加者の考え（スタンス）が変わっている可能性もあります。

また、IPO株は株式投資の一種ですので、購入する権利もあれば、購入しない権利もあります。

次の項目でIPO株を購入または購入辞退する際の注意点も書きたいと思います。

購入辞退は
よく考えてから行おうね！

04 当選したIPO株を購入する際の注意点

1 購入期間中に購入しないとキャンセル扱いに

購入期間中に購入手続きをしなかった場合、IPO株の当選は無効（キャンセル）となります。キャンセル扱いとなったIPO株の購入権利は、補欠当選者の誰かに権利が移ります。

先ほど筆者はIPOの繰上げ当選が8回あると言いましたが、当選者の誰かが購入辞退または購入期間内に購入手続きをしなかったことによるものです。

IPO株の購入を忘れる理由として一番多いのは、「**IPOの当選確認をしていない**」ということです。当選確認をしていないので、当選に気づかず購入手続きもできていません。

他の理由としては、**IPOの当選発表日と購入開始日にタイムラグがある**ことです。

忘れないように！
IPO管理帳を、
つけておくと
いいよ！

- **IPO株の当選発表日は公開価格決定日が多い**
- **IPO株の購入開始日は、当選発表日の翌営業日が多い**

購入開始日、翌日なら忘れることも少ないのですが、金曜日に当選発表がある場合、購入開始日は翌週の月曜日になります。土日をはさむことにより忘れるパターンがあります。

ＩＰＯ管理帳などで当選・落選を管理しておけば、購入期間内の購入忘れを防ぎやすくなります。

2 当選後の購入辞退ができない証券会社もある

「購入申込み」のあとに「抽選」が行われる一部の証券会社の場合、購入の意思を先に表示して抽選参加していますので、ＩＰＯの当選後に「やっぱり、や〜めた」ができません。ＩＰＯに2回の申込みが必要なタイプのうち、次の証券会社では**ＩＰＯ当選後のキャンセルができません。**

- 楽天証券
- ａｕカブコム証券
- ＧＭＯクリック証券

2回目の購入意思表示後は当選辞退ができないということを考慮し、ＩＰＯに参加しましょう。特に、楽天証券は購入申込み後からキャンセルができません（他は抽選前ならキャンセル可）。

3 当選後の購入辞退でペナルティがある証券会社もある

IPOの当選後に購入辞退ができるものの、**購入辞退によるペナルティ**が課せられる証券会社があります。ペナルティといっても罰金があるわけではなく、IPO参加や抽選に制限がかかります。

IPOの当選を辞退する場合は、表示された画面をよく確認してください。

ペナルティがある証券会社では、当選辞退をする際にペナルティの内容が表示されます。

当選辞退のペナルティで気をつけたいのは「購入辞退」をしたときだけでなく、「購入期間内に購入しなかった」ときも同様にペナルティ対象となります。

せっかくのIPO当選を見逃し、さらにペナルティを受けるとガッカリしますので、ペナルティがある証券会社では、当選管理と購入管理をきちんと行いましょう。

● 証券会社別のペナルティ期間と内容

証券会社	期間	内容
松井証券	6ヶ月間	・6ヶ月間、需要申請しても抽選対象外になる ・但し、需要申請は可能で状況によっては当選する場合あり
SMBC日興証券（イージートレード）	1ヶ月間	・1ヶ月間新たにIPOの需要申請ができない ・抽選前の他のIPOへの申込みは、すべて無効になる（当選して購入申込みを終えたものは取り消しされない）
三菱UFJモルガン・スタンレー証券	1ヶ月間	・1ヶ月間新たにIPOの需要申請ができない ・抽選前の他のIPOへの申込みは、すべて無効になる（当選して購入申込みを終えたものは取り消しされない）
東海東京証券	最大1年6ヶ月	・半年期末より1年間までの期間（最大1年6ヶ月）、ブックビルディングの抽選対象外に
岡三証券	明記されず	・新たにIPOの需要申告ができない（期間は明記されず）

05 セカンダリー投資はハイリスク・ハイリターン

1 セカンダリー投資は上場後のＩＰＯ株を売買すること

上場後のＩＰＯ株を個人投資家が売買することを「セカンダリー投資」と呼んでいます。

本書でお勧めしているプライマリー投資との**違い**は、**プライマリー投資**が幹事証券から上場前の公開株を購入し売却するのに対して、**セカンダリー投資は上場後にＩＰＯ株を購入し売却**することです。

上場後のＩＰＯ株を売買するので、証券会社の口座を開設していれば、**誰でもＩＰＯ株を売買することが可能になりま**

す。

初心者でもベテランでもＩＰＯ株の売買をできるというのが、セカンダリー投資の特徴です。

2 上場後のＩＰＯ株はハイリスク・ハイリターンに

ＩＰＯ株は市場の注目度が高く、上場日を待ち望んでいた個人投資家がワーッと集まるため、売買が活発になります。

ＩＰＯ株はまだ市場での取引が始まったばかりであり、**需給バランスが安定していないため、株価が激しく変動します。需給バランスとは、市場での株の売り手と買い手の数が釣り合っている状態のことを指します**。

注目度が高いＩＰＯ株は需要が供給を大きく勝り、その結果、株価が急上昇し、その日の制限値幅の上限まで株価が上がるストップ高をつけることがあります。

一方で、株価が高騰しすぎると、利益を確定したい売り手が増え、需要と供給のバランスが崩れ、株価が急落することもあります。先ほどまで買い注文が順調に入り、株価が上昇していたＩＰＯ株が一転して売り注文の連続になり、その日の制限値幅の下限まで下がるストップ安をつけることもあります。

そのため、セカンダリー投資では市場の需給バランスを理解し、適切なタイミングで売買を行うことが重要です。

数分のうちに、株価がその日の高値と安値をつけることもあるのが上場直後のＩＰＯ株です。**短期投資が上手な投資家は、ＩＰＯ株を安値で買い、高値で売ることにより売買の差額の利益を得ます。一方、短期投資に失敗する人は、ＩＰＯ株を高値で買い、安値で売り、短期間に損失を出します。**

また、株価の値動きに慣れたベテラン投資家も参戦しているので、初心者の場合、損失リスクを出す可能性の方が高いといえます。

上場直後のＩＰＯ株はハイリスク・ハイリターンな投資です。

上場直後のＩＰＯ株の値動きは、例えるなら壊れたシーソーです。上に下にバッタンバッタン激しく動いています。セカンダリー投資に参加したいなら、上手にシーソーから落ちないよう操作するか、落ちる前に降りなければなりません。

3 お祭りが終わると出来高が激減。株価は下落しやすく

上場直後のＩＰＯ株は注目度が高く、短期投資家を中心とした個人投資家が多く集まるため、「お祭り」のような状態になっています。

お祭り期間中は取引が活発で、取引された株式の総数を示す出来高も多くなります。**株式投資では出来高が多いほど、その銘柄への関心が高く取引が活発だといえます。**

上場直後のＩＰＯ株は出来高が増加しますが、注目が薄れ、他の新しい銘柄や市場全体に関心

が移ることにより、出来高が激減することがあります。いわゆる祭りの終焉（しゅうえん）です。

さきほどまで集まっていた人たち（買い注文）はどこに行ったのと思うほど取引が閑散とします。

株式投資において株価が上昇するには、現時点の株価より高い株価でも買いたいと考える投資家が必要です。

出来高が減るということは、買いたいと考える投資家が減っている状態で、一般的に株価はずるずると下がりやすくなります。

商店における売れ残りの商品をイメージしてもらえればわかりやすいと思いますが、買われない商品は値下げをしてでも売りたくなるものです。

上場直後は出来高も多く、取引が活発になり株価が上昇します。

その後、利益確定の売りに押されて株価は軟調になり、出来高も減り、株価がずるずると下げる展開になります。

● **アイビスのチャート図（マネックス証券より）**

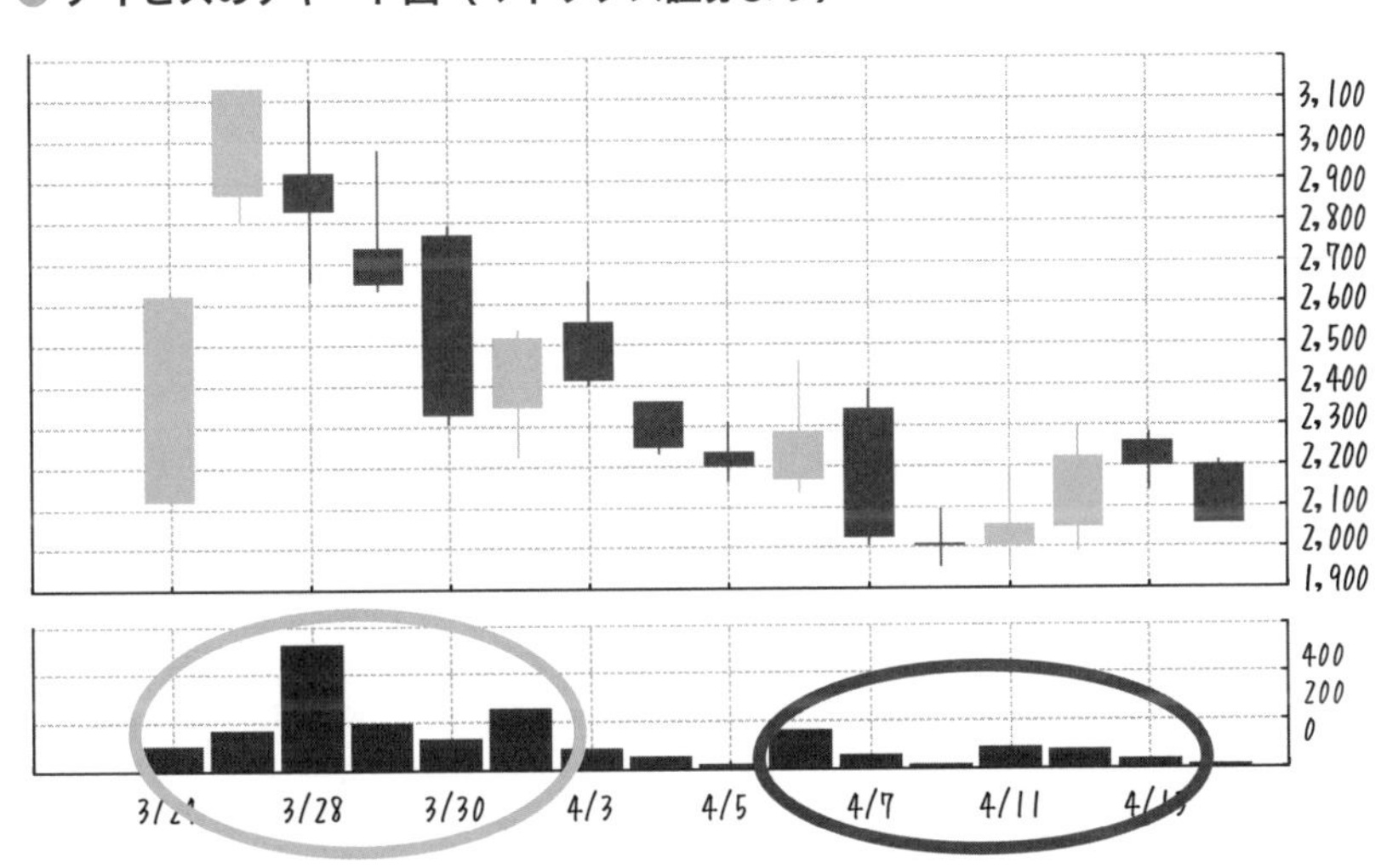

4 短期売買が中心、猛者ぞろいのセカンダリー投資

上場後は証券会社を通じて、**誰でもＩＰＯ株の売買ができるようになります。**

この誰でもというのは、**投資歴が浅い投資初心者だけではなく、何十年も相場に残っている相場の猛者たちや、資金力の大きい機関投資家も指しています。**

一日の中で売買を完結させるディトレーダーと呼ばれる投資家は、売買が活発で株価が上下に激しく動きやすい銘柄の取引を好みます（短時間で利益を出せるため）。

株の短期売買は瞬時の判断能力が大切で、スポーツにも似ている部分があります。

セカンダリー投資の難しさは、初めて行うスポーツで練習なしに経験者に勝てるかどうかを考えると想像しやすいかもしれません。

5 飛んで火にいる夏の虫

ＩＰＯ株独特の株価の激しい値動きと、その値動きに慣れている猛者が参加しているセカンダリー投資において、投資判断の経験が浅く投資におけるメンタルも整っていない投資初心者が利益を出すのは至難の技です。

むしろ相場の餌食となり、取引により損失を出す可能性の方が高くなります。

まさに、「飛んで火にいる夏の虫」状態に陥りやすく、**上場後のセカンダリー投資には初心者は手を出さないのが賢明**です。

大事な資産に火傷をさせぬよう。

6 著者のセカンダリー投資失敗談

ＩＰＯ歴18年目の著者もたまにセカンダリー投資に手を出しますが、当日中の短期投資で損失を出したことが何度もあります。

激しく上下に揺れる株価をジーっと見ていると、下がったときに「ココだ！」と思って買うのですが、購入後さらに株価が下がったり、焦って損切りを行ったと思えば、その後に反転して株価が上昇する…といったことも頻繁にあります。

わずか5分の間に6万円の損失を出したこともあり、ＩＰＯのセカンダリー投資は投資初心者にお勧めできません。

7 セカンダリー投資を始めたい人へのアドバイス

毎年１００社前後の企業が上場します。

短期間の売買による利益を狙うだけではなく、長期で保有をしたいと考える投資家さんも多いかと思います。

著者は、一日〜数日という短期間のセカンダリー投資では失敗が多いですが、数ケ月〜数年という中長期の期間のセカンダリー投資では成功しています。セカンダリー投資は、短期、中期、長期ではそれぞれ投資戦略が異なります

● セカンダリー投資の期間と戦略

期間	投資戦略
短期間 数分〜数日	・注目したい指標は「需要」と「出来高」そして「話題性」 ・上場直後の過熱感に乗り、売買の差額で利益を得る ・公開価格の数倍の株価に上昇するような IPO 株は、下落時の急落ぶりも激しいのでいつでも売れるようにしておく ・東証グロース市場に上場する IPO 株がターゲット
中期間 数週間〜 数ヶ月	・注目の指標は「事業内容と将来性」 ・購入時より株価が上昇しそうなら保有を続け、下落しそうなら損切りやナンピン買い（追加購入）を考える ・上場直後の IPO 株は値動きが激しいので、需給が安定して株価が落ち着いた局面で買いたい ・四半期の決算発表ごとに株価が動きやすい
長期間 数年	・注目したい指標は「業績とその推移」 ・新規承認時の目論見書や決算説明資料は読んでおきたい ・グロース株の場合、売上高が伸びているか？ の推移をチェック。赤字企業の場合はその理由と、黒字化の時期も見定めておく ・バリュー株の場合、配当利回りや PER や PBR などの割安性を示す指標を同業他社と比較 ・株価下落時にも自信を持ってナンピン買い（追加購入）ができるか？ がポイント

（前ページの表参照）。

短期間のセカンダリー投資で失敗し中長期投資に切り替える方がいますが、そもそも短期と中長期では投資戦略が異なります。

短期間投資を考えて参戦した場合は、利益確定か損切りで終わらせるのが良いと個人的には思います。

8 著者のセカンダリー投資成功例

著者は、**中長期を見据えたセカンダリー投資**を主に行っています。ただし、株価が急騰し目標株価に達した場合には利益確定を行っています。保有を続けるのが目的ではなく、目標株価で売却するのを目的としています。

株式投資歴18年の著者にとっても、上場銘柄への投資に比べ、**投資判断となる材料が少ないＩＰＯセカンダリー投資は難易度が高い投資**です。

業績や株価の推移、関連報道に対する株価の値動き、さまざまな過去のデータとの比較が上場直後のＩＰＯ株だと少なく投資判断がしづらくなります。

投資期間が長くなるほどファンダメンタルズ分析と言われる財務データや業績の推移などを確認する必要があります。一方、投資期間が短い場合はチャートや出来高を確認し、売り時を見定める必要があります。

● セカンダリー投資の成功例

期間	投資例
短期間 2営業日	・ANYCOLOR（5032）を初値4,810円で100株購入 ・投資家の注目度が高く株価が上昇しそうだったので保有 ・2営業日後に6,540円で売却。17万円の利益に 良かった点 うまく勢いに乗れ、利益確定できたこと 悪かった点 6営業日後には9,050円の高値をつけたこと（早売り）
中期間	・事業内容に興味を持ったM&A総合研究所（8306）をチェック。2022年6月に上場。公開価格1,330円、初値は2,510円 ・M&A関連の株価の値動きが同業他社含め活発だった為、需給が安定するのを待ち、4ヶ月後に5,752円で100株購入 ・5ヶ月後に8,180円で売却。24万円の利益に 良かった点 希望通りの価格で利益確定できたこと 悪かった点 価格の安定を待っていたらどんどん株価が上昇したこと
長期間	・目論見書をみて気になったスパイダープラス（4192）を初値1,722円で100株購入。2021年3月に上場。公開価格1,160円 ・上場後に急騰していたものの下落が続く（上場来高値2.629円、上場来安値350円） ・赤字企業ではあるものの、四半期決算ごとに事業の成長性と重要指標の伸びを確認。決算説明会も毎回視聴 ・ナンピン買いを大きな下落時に行い、平均買付単価は432円に ・一部売却し49万円の利益に。残りは現在も保有中 良かった点 銘柄に自信を持てたこと。また安値でナンピン買いができたこと 悪かった点 大きな下落を予想できていなかったこと。また株価の値動きを左右する要素の影響力が意外に大きかったこと

相場の格言に「**アタマとシッポはくれてやれ**」という格言があります。この言葉は、「最安値で買って、最高値で売るのは難しい。まずまずの安値で買って、そこそこの高値で売却できたらいいね」という意味です。

この格言から学べるのは、完璧なタイミングを求めることよりも、**現実的な範囲での利益確定を目指すべき**だという教訓です。

次のＩＰＯのデータを確認しセカンダリー投資の参考にしてください。

- **初値で購入した場合、利益が出やすいのか？**
- **初値が高騰したＩＰＯ株は下落しやすいのか？**
- **公募割れしたＩＰＯ株は反転して利益になりやすいのか？**
- **地味系の事業内容のＩＰＯの初値は弱いが、その後は株価上昇しているのか？**

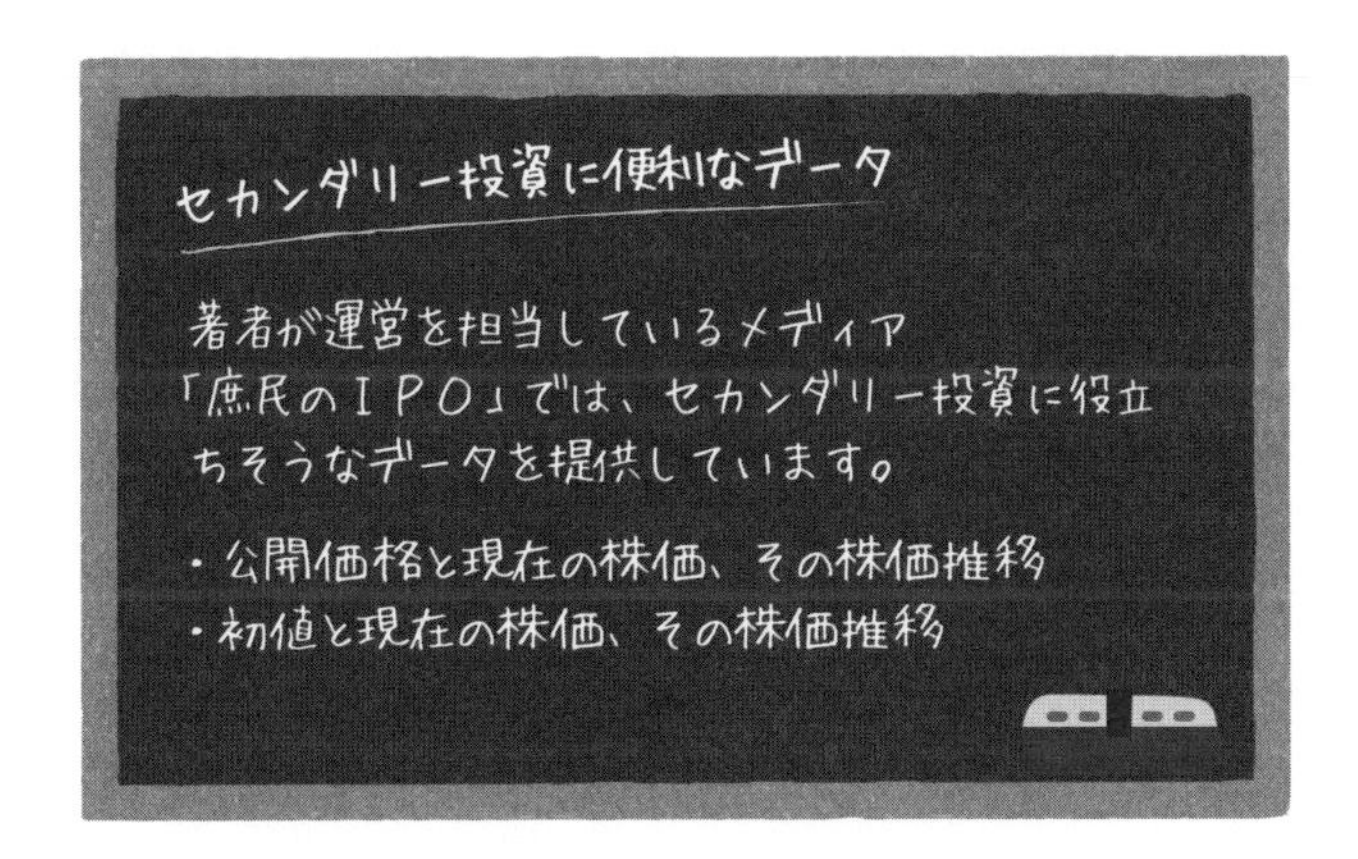

データページで提供しているIPO株は、取引市場や時価総額で絞り込むことも可能です(https://ipokabu.net/data/kabuka-data)。

上場後の株価の推移のデータを見ることで、セカンダリー投資の参考になるかと思います。

短期セカンダリー投資に便利な証券会社

短期のセカンダリー投資では、株価が目まぐるしく動く中、売買の投資判断を行わなければいけません。

値動きのチェックや買い・売りのタイミングをはかるためには、1分足や5分足といった短い時間軸のチャートが短期セカンダリー投資では役に立ちます。

1分足や5分足をみられる楽天証券のマーケットスピードⅡは、無料で利用できるトレーディングツールで短期間のセカンダリー投資にお勧めで

● IPO株の価格推移

企業名	市場 時価総額	公開価格	4/14 終値	4/13 終値	4/12 終値	4/11 終値	4/10 終値	4/7 終値	4/(終値
C 日本システムバンク (5530) 23/04/14上場　初値：1,700円	名メ 21億	1,880	1,631 -13%↓	-	-	-	-	-	-
B ispace (9348) 23/04/12上場　初値：1,000円	グロース 204億	254	1,501 491%↑	1,201 373%↑	-	-	-	-	-
B トランザクション・メディア・ネットワークス (5258) 23/04/04上場　初値：1,388円	グロース 342億	930	1,147 23%↑	1,089 17%↑	1,056 14%↑	1,110 19%↑	1,104 19%↑	1,234 33%↑	1,2(309
A Fusic (5256) 23/03/31上場　初値：6,530円	グロース 24億	2,000	5,080 154%↑	5,270 164%↑	5,190 160%↑	5,690 185%↑	4,985 149%↑	5,550 178%↑	5,7(185
C エコム (6225) 23/03/31上場　初値：1,714円	名メ 17億	1,680	1,560 -7%↓	1,580 -6%↓	1,580 -6%↓	1,570 -7%↓	1,599 -5%↓	1,649 -2%↓	1,6 -39
C ココルポート (9346) 23/03/31上場　初値：4,135円	グロース 108億	3,150	5,950 89%↑	5,650 79%↑	5,790 84%↑	5,190 65%↑	5,150 63%↑	5,050 60%↑	4,7 519
B ノバシステム (5257) 23/03/30上場　初値：2,565円	スタンダード 22億	1,700	2,319 36%↑	2,287 35%↑	2,410 42%↑	2,330 37%↑	2,406 42%↑	2,519 48%↑	2,7(639
B ビズメイツ (9345) 23/03/30上場　初値：5,310円	グロース 51億	3,250	3,725 15%↑	3,800 17%↑	3,650 12%↑	3,845 18%↑	3,810 17%↑	3,645 12%↑	4,0 259
D 住信SBIネット銀行 (7163)	スタンダード	[illegible]	1,631	1,659	1,574	1,544	1,586	1,444	1,3

https://ipokabu.net/whats/secondary

す。

また、ネット証券会社は、成行、指値注文だけでなく、自動売買の注文システムが多彩です。

反対の売買注文を同時にできる注文方法を用意している証券会社では、一度の注文で購入から売却までの注文を行うことが可能です。

例えば、マネックス証券の**リバース注文**を利用すると、一度に買い注文（親注文）と売り注文（子注文）を発注できます。

次の画面は筆者が実際に注文したリバース注文ですが、購入価格から50円以上上昇したら売却という注文を出しています。

これにより、購入価格より50円プラスの価格で売却できました。

100株購入していたので、5000円の利益となりました。

自動売却の良いところは、相場を見続ける必要がないことと、心理戦を展開しなくて良いことです。

9 グロース株とバリュー株の違い

IPO投資を行っているとグロース株という言葉を聞く機会が多くなると思いますので説明したいと思います。またグロース株と比較される

● マネックス証券のリバース注文

銘柄	口座区分 預り区分	取引区分 売買区分 執行条件	発注数量 注文価格	注文番号 受付日時 初回注文番号	有効期限 状態	約定数量 平均約定価格
アピリッツ 4174 JQ 子注文（買値+50円で売却）	特定 保証金代用	現物 売 － 親604424002	100株 5,650円	604424003 02/26 13:16 604424003	当日 約定済	100株 5,650円
アピリッツ 4174 JQ ↑ 親注文	特定 保証金代用	現物 買 － 連続子あり	100株 5,800円	604424002 02/26 13:16 604424002	当日 約定済	100株 5,600円

ものとしてバリュー株があります。

グロース株とは事業の成長性が高い企業の株式

投資家は事業の成長性に注目し投資を行います。目新しい事業内容の企業が多く、投資家の注目や話題を集めやすいです。

グロース株は、**将来的に大きく株価が上昇することを期待されて**投資家に買われます。よって、理論上の現在の企業価値よりも、株価は将来性を加味し高くなっていることが多いです。

業種としては、**AI開発やビッグデータを活用しているIT関連企業、事業の新規性がある企業などがグロース株にあたります**。本書で出てきたIPOとしては、AI開発のHEROZやVTuber事業のANYCOLORやカバーなどがグロース株になります。

● グロース株とバリュー株の違い

	グロース株	バリュー株
分類	高成長が将来見込まれる銘柄	企業価値と比べて株価が割安な銘柄
投資目的	大幅な株価の上昇を期待	株価が適正価格に戻るのを期待
配当金	ない場合が多い（成長戦略に活用）	ある場合が多い（株主還元に活用）
事業内容	IT関連事業など	銀行や製造業など
着目する点	業績の伸び	配当金と株価の割安感
株価の値動き	大きく動く	安定している

バリュー株は本来の企業価値よりも株価が割安と判断されている株式

株価が高くなる条件としては投資家に買われることが必要ですが、事業内容がやや地味であるため多くの上場企業の中で注目を浴びず埋もれているため、割安となっていることがあります。業種としては**製造業や金融業など**です。

アスクルの子会社で間接材の物販事業を行っているアルファパーチェス（７１１５）やホームポジション（２９９９）がバリュー株にあたります。

また、上場日を控えていた段階で米国のシリコンバレー銀行が破綻したことにより、日本の地銀株の株価が続落しました。

そのあおりを受けて公開価格が安くなった住信ＳＢＩネット銀行や楽天銀行も同業他社と比較して割安となったＩＰＯ株になります。

本書で紹介しているＩＰＯ投資では、**グロース株の人気が高く、初値が公開価格の数倍になりやすい傾向があります**。

注目度が高いため、上場後の株価の値動きも激しくなります。

一方のバリュー株は、ＩＰＯにおいてそれほど人気がありません。

ただし、割安ということで長期投資に向いている銘柄も多く、初値は高くつかないものの上場後に買われていく銘柄も見受けられます。

Episode 5

株式新聞の評価も参考にしたい

証券専門紙である「株式新聞」では、IPO の評価を「強気・やや強気・中立・やや弱気・弱気」の 5 段階で評価しています。月額 4,400 円（税込）の購読紙で記事の中身をみるには購読する必要がありますが、記事のタイトルは無料で見ることができ、またタイトルに IPO の評価が書かれています。株式新聞の情報も確認することで、より IPO の参加・不参加の判断をしやすくなります。

Episode 6

身内が購入を忘れ 30 万円の機会損失に…

筆者の身内が、実際に IPO 株の購入を忘れてしまい、約 30 万円の利益を逃したことがあります。身内が当選した IPO 株は SYS ホールディングス（3988）。SMBC 日興証券で当選したものの、仕事が忙しく、購入手続きを行うのを忘れていました…購入手続きといっても証券会社にログインして「購入」というボタンを押し、当選した IPO 株を購入するだけなんですが、仕事が忙しくログインすらもできていなかったようです。IPO 株に当選していたことは事前に聞いて知っていたんですが、「売れた？」と聞いた際に、反応が悪く購入忘れが発覚しました。

5時限目 IPO株の売却方法と注意点

01 IPO初心者は上場日の初値売りがお勧め

投資初心者の方は、当選したIPO株を**上場日に最初についた価格である「初値」で売る**ことをお勧めします。

また、初値で当選IPO株を売却することを「初値売り」と呼んでいます。

IPO投資も株式投資の一種ですので、当選したIPO株の売り時はいつでも良いのですが、次の2点を考慮すると、初値売りは投資初心者でも売りやすいと考えております。

- **売買タイミングを考えなくていい（売るタイミングが決まっている）**
- **株価の推移を気にしなくて良い（株価の乱高下を見ないで済む）**

1 初値売りは売るタイミングを考えなくて良い

株式投資で難しいのは「買うタイミング」と「売るタイミング」です。

本書で紹介するＩＰＯ投資では、買うタイミングと価格が決まっています。買うタイミングは上場前（購入期間）、買う価格は公開価格となります。

購入したＩＰＯ株は、上場後は証券会社を通じて売買することができ、売り注文を出すタイミングも自由です。

しかし、ＩＰＯ初心者の方に「いつ売ってもいいよ」と説明すると「売り時がわからないから教えて」と聞かれることが多いです。

そこで、**売るタイミングとして大きな失敗が少ない初値売り**をお勧めしています。

初値売りだと売るタイミングは上場後すぐ、売る価格は初値となります。

2 初値売りは株価の動向を気にしないで良い

ＩＰＯ株の上場後の株価は、上下に乱高下しやすいことを4時限目のセカンダリー投資の項目で説明しました（136ページ参照）。

特に、初値がついた直後の株価は目まぐるしく上下に動きます。

当選したＩＰＯ株の株価が、上昇している場合はとてもハッピーな気分を味わえますが、株価が下落すると、どこまで下がるんだ…という不安と恐怖が襲ってきます。

しかも、短時間に上昇と下落を繰り返すので、株価を見ていると非常に疲れます。

下のチャートは２０２３年7月に上場したAeroEdge（７４０９）の5分足チャート図です。

5分足とは5分ごとの株価の値動きを、ローソ

● AeroEdgeの上場日の5分足チャート

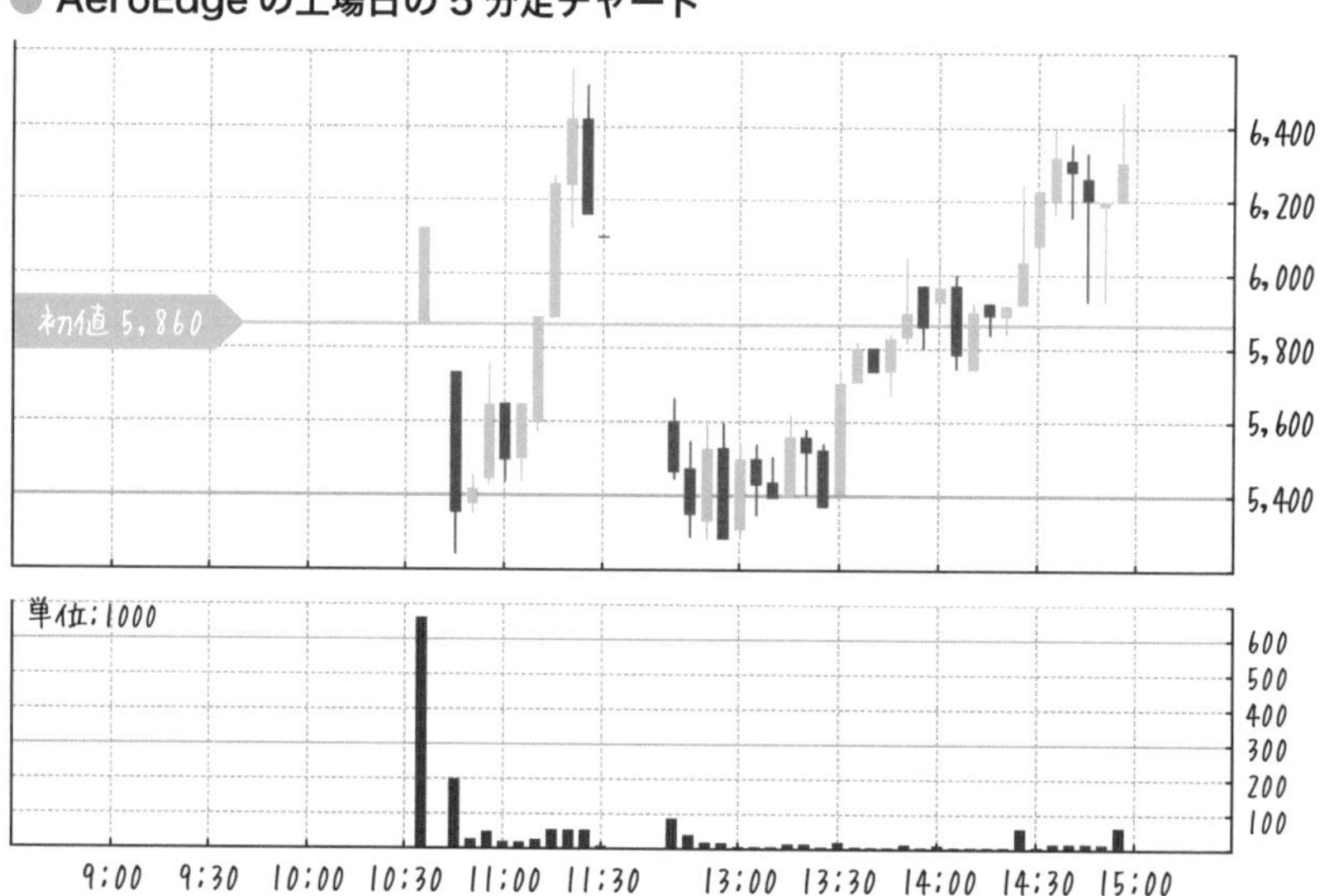

ク足とチャートでわかりやすくしたものです。

初値の５８６０円にラインを引いたチャート図を見ると、初値をはさんで株価が上下に激しく動いているのがわかります。

上場日の最高値は６５９０円、最安値は５２７０円。価格差で１３２０円となり、１００株当選していた場合の差額は13万２０００円になります。一日の中でこれだけ大きく動く株価の売り時を判断するのは初心者には難しいと思います。

初値売りの場合、売るタイミングを決めていますので、株価の動向を気にしないで済みます。

初値売りをする場合としない場合をまとめると、

初値売りする場合 **売るタイミングが決まっている（投資初心者にお勧め）**
初値売りしない場合 **激しい株価の値動きを見る必要がある（精神的にキツイ）**
売るタイミングを見極める必要がある（作業的にキツイ）

私のＩＰＯ投資歴は18年になりますが、当選し購入したＩＰＯ株の７割以上は初値売りをしています。

02 ＩＰＯ株の初値売りの方法

1 株式投資の基本的な注文方法は指値注文と成行注文

株式投資の基本的な注文方法には、「**指値**（さしね）**注文**」と「**成行**（なりゆき）**注文**」の２つがあります。
それぞれの違いは次の通りです。

指値注文 指定した株価で株の売り買いを行う注文（株価優先の注文方法）
成行注文 即座に株の売り買いしたい場合の注文（売買成立優先の注文方法）

指値注文は、自分が納得のいく価格で取引を行いたい場合に適していますが、株価が指定した価格に達しない限り取引が成立（約定（やくじょう））しません（この価格で売買したい！）。

成行注文はすぐに取引を行いたい場合に適していますが、約定価格が注文時と異なり、より高く買う、より安く売ることになる場合があります（いくらでもいいからすぐに売買したい！）。

2 当選IPO株の初値売りは指値注文のみ

当選したIPO株を上場日に売却する**初値売りは「売りの指値注文」しかできません**。２０２３年６月26日から**上場日の成行注文が禁止**となっています。

売りの指値注文は、注文した価格以上の株価になると売却が成立するという注文方法です。

売りの指値価格を１０００円にした場合、株価が１０００円以上になると売却でき、１０００円未満だと注文の有効期限までは注文が続きます。

なお、成行注文は上場日だけ禁止されており、初値がついた**上場日の翌営業日から成行注文も利用できます**。

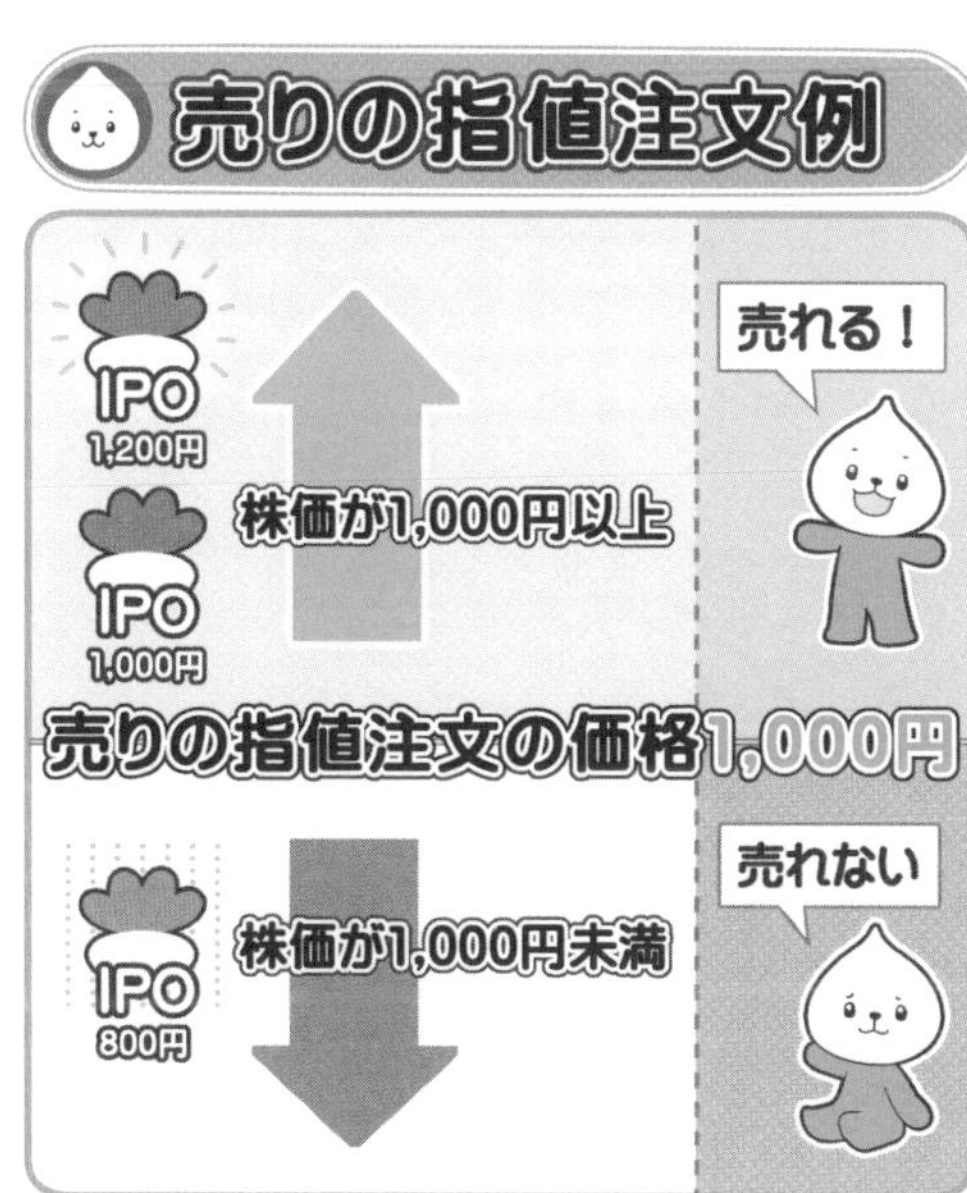

3 IPO株の初値売りのやり方

上場日の初値がつく前に売りの指値注文を出すことにより、初値がついたと同時に当選IPO株の売却が成立します。

売りの注文方法	**売りの指値注文**
売りの注文タイミング	**初値がつく前（上場日の9時前など）**
売りの株数	**当選した株数**
有効期間	**なるべく長く設定**

4 売りの指値注文の価格の決め方

売りの指値注文は、注文した価格以上の株価になると売却が成立するという注文方法です。言い換えると、**指定した価格以上で売りたい場合に利用**します。

投資初心者の場合、価格の決め方が難しいと思いますので、**売り**

「庶民のIPO」にて証券会社ごとに初値売りの方法をキャプチャ画像つきで紹介しているよ！

の指値注文の価格の決め方を3パターン考えてみました。

売りの指値注文とは「指定した価格で売りたい」という注文方法です。

公開価格より下の価格で売りの指値注文を出しておけば、利益でも損失でも初値で売却ができます。

5 利益が見込めるIPO株は公開価格で売りの指値注文

利益が見込めるIPO株に当選した場合は、**売りの指値注文の価格を公開価格と同じにする**のが簡単です。

庶民のIPOの評価で「S」や「A」に設定しているIPOは初値売りで利益が出やすく、売りの指値注文を公開価格に設定しておけば、公開価格以上で初値がついた際に売買が成立します。

● 当選したIPO株の売りの指値注文の決め方

パターン	利用したい場合と売り注文の価格
利益を出したい	・公開価格と同じ価格で売りの指値注文（希望価格があればそれでも良い） ・人気が高く利益が見込めるIPOの場合 ・初値が公募価格を下回った場合、初値で売れない。また、設定した価格以上の株価になるまで売れない
損失が出ても売りたい	・公開価格より、10%安い価格で売りの指値注文 ・評価Cなどやや初値に不安があるIPOの場合 ・初値が公開価格を10%以上下回った場合、初値で売れない。また、設定した価格以上の株価になるまで売れない
初値でとにかく売りたい	・公開価格より、20%安い価格で売りの指値注文 ・初値でとにかく売りたい場合 ・初値が公募価格を20%も下回るIPO株はそうそうない

カバーのIPO（5253）に100株当選した場合

例として売りの指値注文を公開価格と同じにしましたが、売りたい希望価格がある場合、公開価格より高く設定しても、もちろんOKです。

ただし、初値がその価格を下回った場合、注文は残ります。

売りの指値注文を1500円に設定
↓
初値の1750円で売却

売りの指値注文を2000円に設定
↓
設定価格に届かず初値では売却できず（注文の有効期間内に株価が2000円以上になったら売却）

● カバーのIPO初値売りの流れ

IPOの流れ	内容
購入するとき	公開価格750円で購入
売却するとき	売りの指値を750円に設定 （750円以上で売るという注文）
上場日の初値	公開価格より上昇し、1,750円に （750円以上なので売却成立）
利益は？	（1,750円−750円）×100株＝10万円の利益に

6 下落しそうなＩＰＯ株は公開価格より低めで売りの指値注文

ＩＰＯに当選したものの、相場環境が悪いし下落しそう…初値で売ってしまいたい！　という場合は、公開価格より低い売りの指値注文を出しましょう。

例として、ベースフードのＩＰＯ（２９３６）に１００株当選したけど、初値で売りたい場合を考えてみます。

売りの指値注文は公開価格より20％低い価格に設定しています。

売りの指値注文を低めに設定することで、公開価格を下回っても初値で売却できます。

株価は常に上下に動くので、ベースフードも無理に初値で売らず、様子見をするという方法もあります。

ただし、**ＩＰＯの中には一度も公開価格以上の株価にならないＩＰＯ株もある**ので、その点は注意が必要です。

THECOOも上場後、株価が公開価格を下回っています。

● ベースフードのIPO初値売りの流れ

IPOの流れ	内容
購入するとき	公開価格800円で購入
売却するとき	売りの指値を640円に設定 （640円以上で売るという注文）
上場日の初値	公開価格より下落し、710円に （640円以上なので売却成立）
損失は？	（710円－800円）×100株＝9,000円の損失に

7 初値がどの程度になるか知る方法

当選したＩＰＯ株の初値が、公開価格を上回るのか？　下回るのか？　は上場日の９時前の株価ボードを見ることで判断することができます。

マネックス証券のマーケットボードを例に説明します。

市場が始まる９時前のマーケットボードでは、株式に対してどの程度の買い注文と売り注文が入り、また、売買の需給が一致した価格（気配値）がいくらになっているのかが表示されます。

プロディライト（５５８０）の場合、公開価格１４４０円に対して気配値（初値がつきそうな価格）が２５００円と上回ってお

● マーケットボード

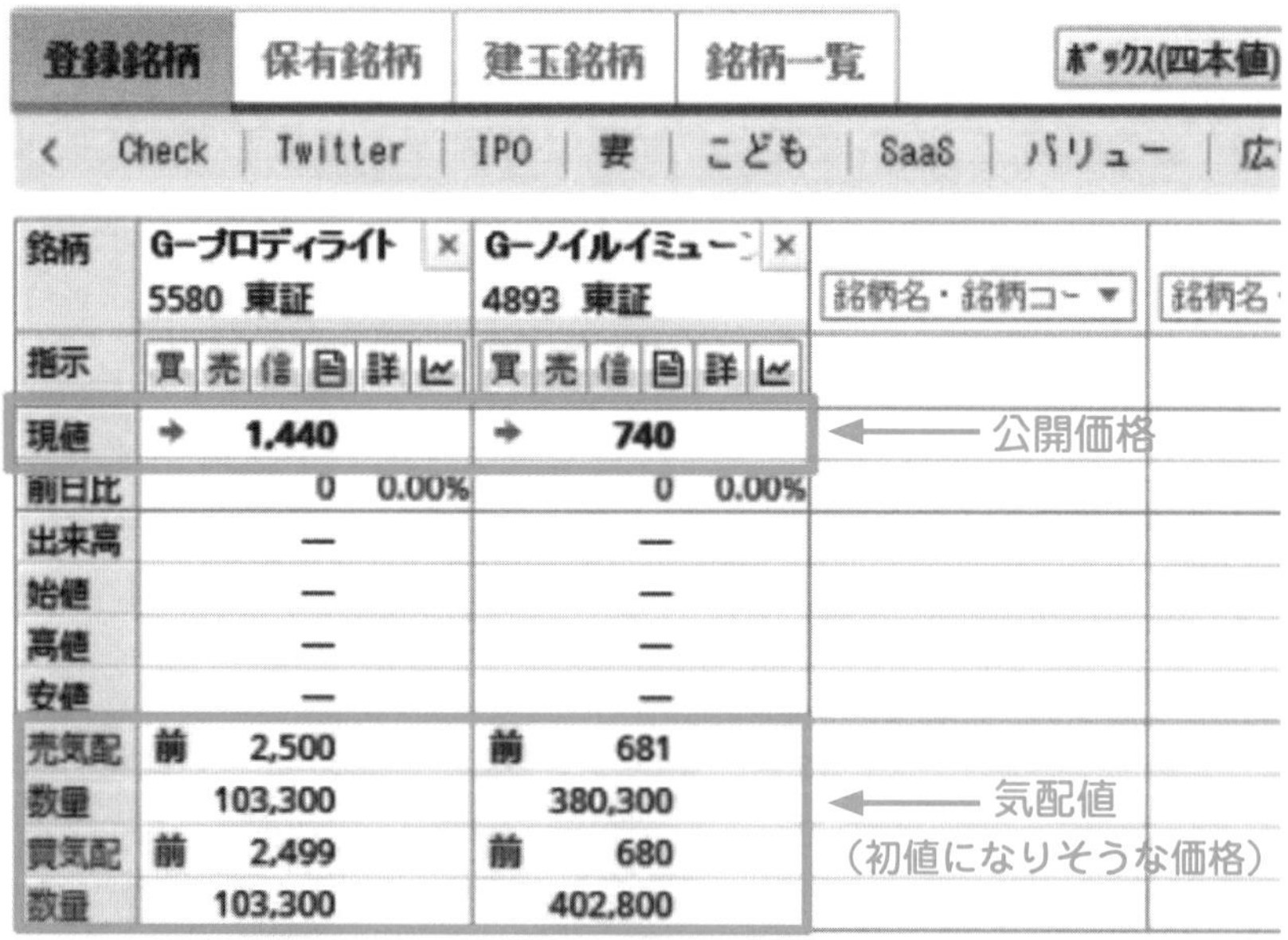

登録銘柄 | 保有銘柄 | 建玉銘柄 | 銘柄一覧 | ボックス(四本値)

< Check | Twitter | IPO | 妻 | こども | SaaS | バリュー | 広

銘柄	G−プロディライト × 5580 東証	G−ノイルイミュー × 4893 東証	銘柄名・銘柄コー ▼	銘柄名
指示	買 売 信 目 詳	買 売 信 目 詳		
現値	→ 1,440	→ 740	← 公開価格	
前日比	0 0.00%	0 0.00%		
出来高	—	—		
始値	—	—		
高値	—	—		
安値	—	—		
売気配	前 2,500	前 681		
数量	103,300	380,300	← 気配値 （初値になりそうな価格）	
買気配	前 2,499	前 680		
数量	103,300	402,800		

り、初値売りをすることで利益を得られそうです。

一方、ノイルイミューン・バイオテック（４８９３）の場合、公開価格７４０円に対して気配値が６８１円と下回っており、初値売りをすれば損失になりそうだということがわかります。

利益になりそうなプロディライトを初値売りしたいときは、売りの指値注文の価格を公開価格と同じ１４４０円にしておけば、初値が１４４０円以上のときに注文が約定し利益を得られます。（実際の初値は３００５円でした）。

ノイルイミューン・バイオテックを損失覚悟で売ってしまいたいときは、売りの指値注文の価格を公開価格の20％下の５９２円に設定します。

初値が５９２円以上のときに注文が約定し、初値が７４０円以下であれば損失に、７４０円以上であれば利益確定となります（実際の初値は６９５円でした）。

8 売り注文のタイミングとコツ

当選IPOの売りの指値注文は、早くて上場日の前営業日の夕方から

当選したIPO株の売り注文を出せるタイミングは各証券会社で異なります。

おおよそ、**上場日の朝6時頃か、または前営業日の夕方くらいから、売り注文が出せるようになります。**

当選したIPO株の売却注文が出せる状態になると、保有株一覧に当選IPOが表示され、**「売却」というボタンを押せるようになります。**

注文の有効期間は長めに

通勤時間帯に指値注文できて便利だね！

● 売り注文の画面

	株式評価損益	株式時価評価額	前日比
合計	0円	93,000円	−円
うち特定口座	0円	93,000円	−円
うち一般口座	0円	0円	0円

貸株金利受取額試算（30日）	15円

現在のページ [1/1]
◀戻る　次へ▶ | 01 |

当選IPOの「売」をクリックします

注文	口座区分	銘柄	保有数[株]	平均取得単価[円]
売	特定	（株）トランザクション・メディア・ネットワークス [東]5258	100	930

指値注文では、**注文の有効期間**を設定することが可能です。
注文の最大有効期間は各証券会社で異なり、週末、30日間、期間を指定するなどさまざまです。
設定した有効期間を過ぎると注文は失効します。

売りの指値注文を行う場合、注文の有効期間を「当日」に設定すると、IPO株が人気化し、上場日に初値がつかなかった場合、注文の有効期間が切れるので、翌営業日に改めて売りの指値注文を行う必要があります。二度手間となるので、特に問題がなければ**売りの指値注文の有効期間は長めにしておきましょう**。

2023年6月22日に上場したアイデミー（5577）は、22日に買い注文が殺到し初値がつかず、翌営業日の23日に初値がつきました（初値は公開価格の5・3倍に）。

なお、IPO株の人気が過熱すると上場初日に初値がつかない場合があります。これについては221ページで解説します。

必ず「売り注文」であることを確認しよう

当選したIPO株の売り注文は、必ず「**売り**」の「**指値注文**」であることを確認しましょう！

「買いの指値注文」は、「指定した価格より安く買いたい」という注文方法です。

取引に慣れている方でも「売り」と「買い」の注文を間違えることがあります。保有株一覧にある当選IPOの「売却」ボタンを押して、売り注文を行いましょう。

9 実際の注文画面でやってみる

実際にマネックス証券の画面を使いながら、当選したＩＰＯ株を初値売りするまでの手順を説明します。

❶ログインして保有残高を見る

上部の「**保有残高・口座管理**」にある「**保有残高**」をクリックします。

初値売りをする場合、上場日の初値がつく前に注文を入れておきます。マネックス証券は、上場日の前営業日の17時頃から当選したＩＰＯ株の売り注文を出せます。

❷ＩＰＯ株の売却ボタンをクリック

保有株一覧の中から、当選したＩＰＯ株の「**売却**」ボタンをクリックします。

❶ログインして「保有残高」をクリック

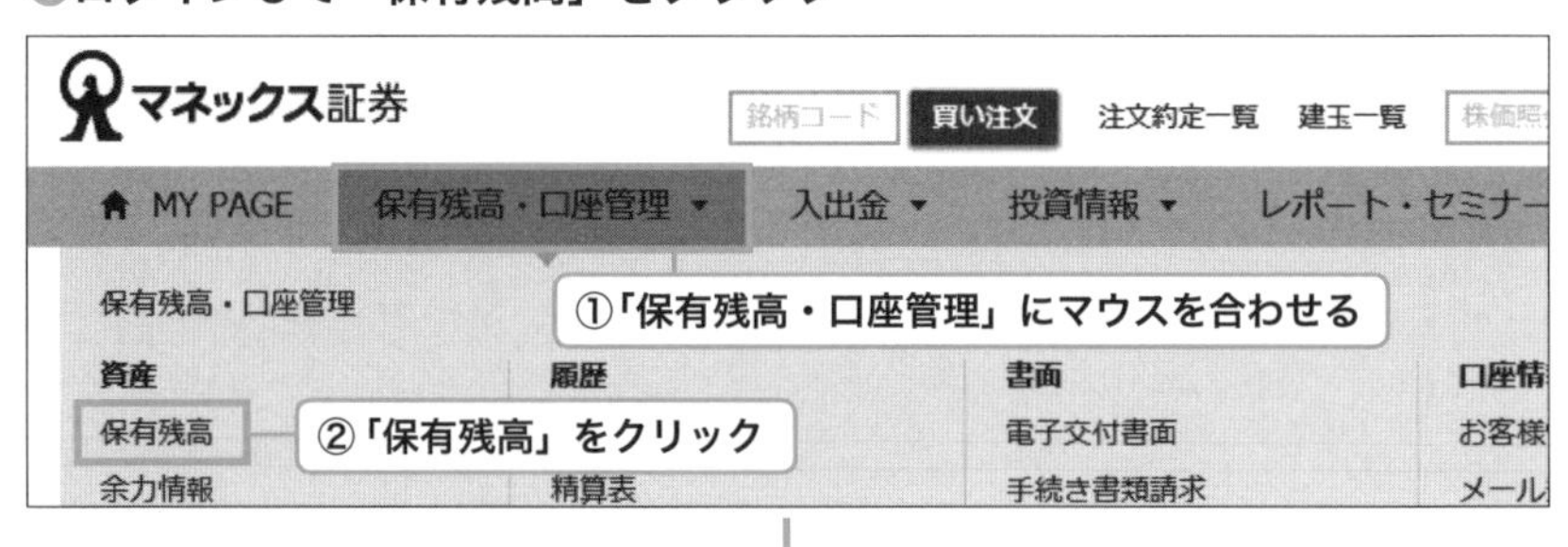

❷IPO株の「売却」ボタンをクリック

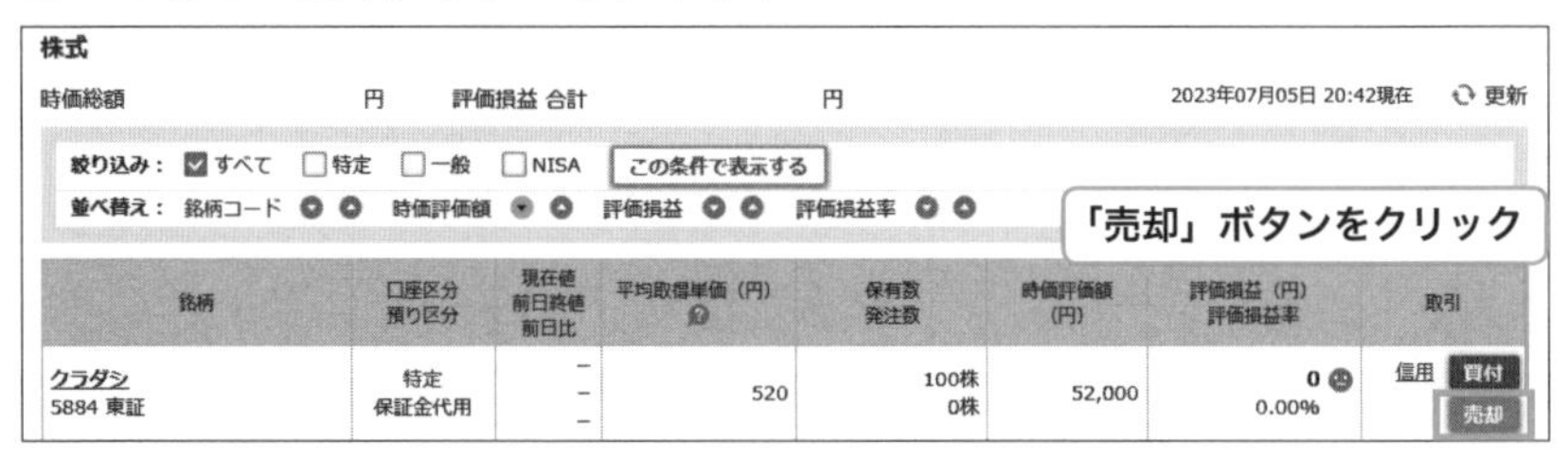

❸売りの注文内容を入力する

当選したＩＰＯ株の売り注文を入力します。画像の例はクラダシ（５８８４）で、売りの指値注文を公開価格と同じ５２０円で入力しています。

❹注文内容を確認して実行するボタンをクリック

確認画面で「**売り注文**」であること、注文内容を確認し「**実行する**」をクリックします。「実行する」ボタンを押すと注文が完了します。設定した有効期間まで注文が有効となり、当選したＩＰＯ株の価格が注文した価格以上になると、取引が成立しＩＰＯ株の売却が完了します。

❸売りの注文内容を入力する

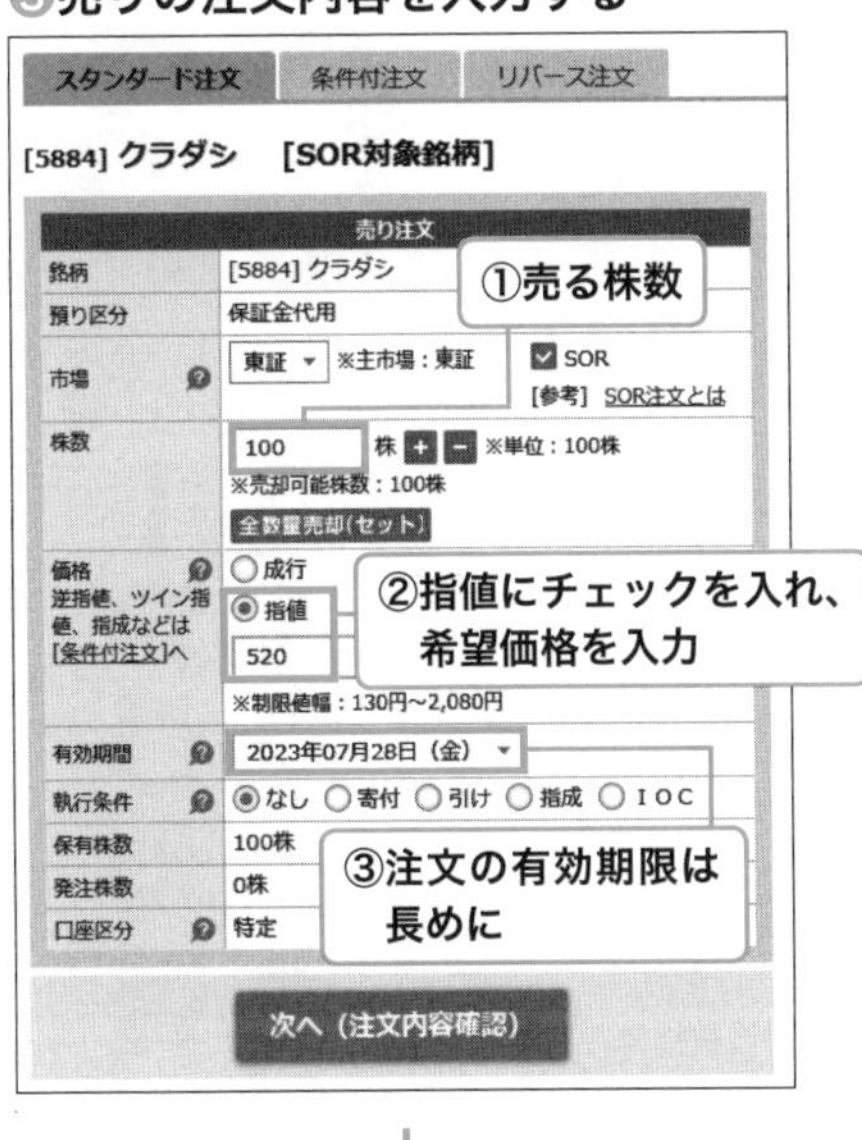

❸注文内容を確認して実行するボタンをクリック

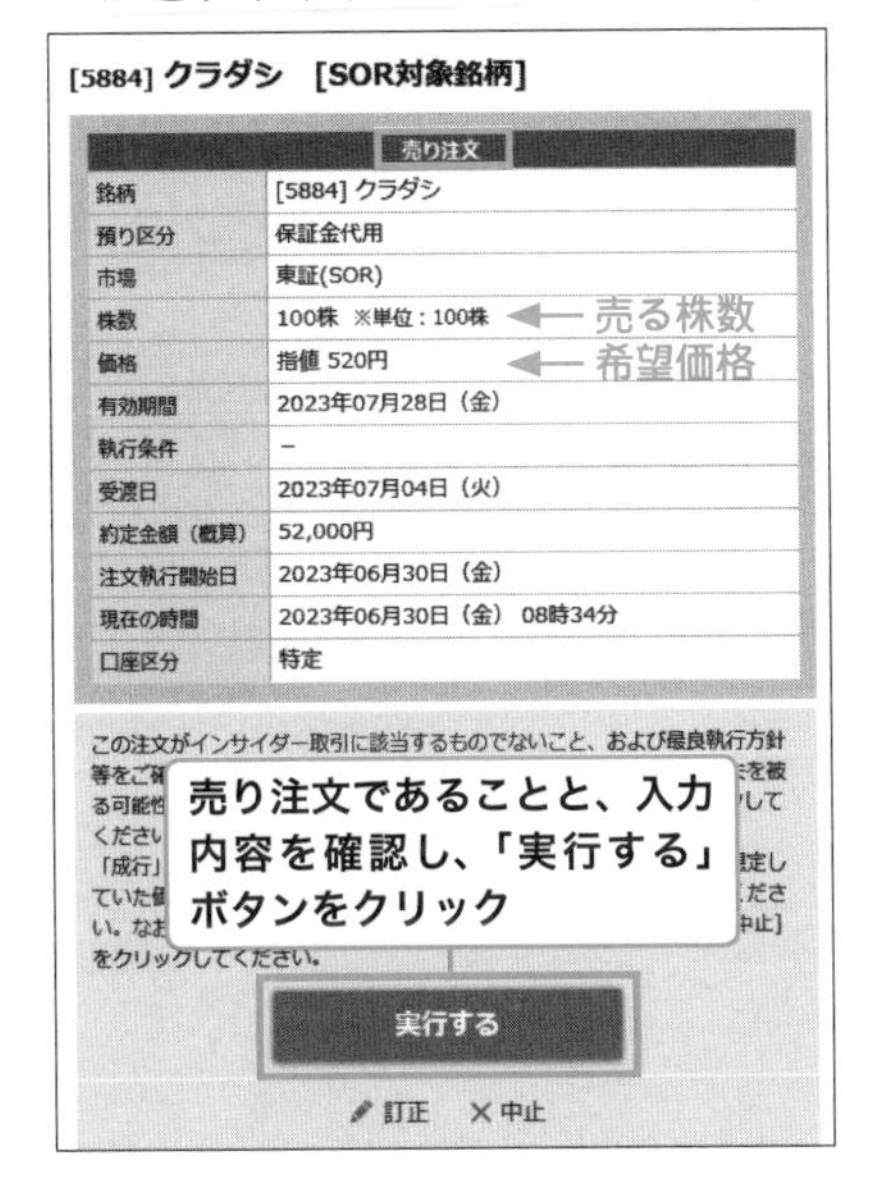

03 IPO投資でこんなときどうする？

1 初値売りしないなら自分で売るタイミングを決める

本書では、IPO初心者には基本的に初値売りを推奨しています。おさらいすると、初値売りを推奨している理由は次の2つです。

- **売買タイミングを考えなくて良い（売るタイミングが決まっている）**
- **株価の推移を気にしなくて良い（株価の乱高下を見ないで済む）**

初値売りをしないということは、IPO初心者における2つの利点が消えるので、**自分で「売買のタイミング」を判断する必要があります。**

では、いつどの価格で売ったら良いでしょうか？

売買タイミングのアドバイスは難しく特に値動きの激しいＩＰＯ株については、一概に言えることはありません。投資スタイル、投資資金の性質、投資実績（経験）、当選したＩＰＯ株の事業内容、上場日以降の株価の推移、同業種との指標の比較、ご自身の性格など、さまざまな状況を踏まえて売買タイミングを判断する必要があります。

例えば、投資資金が少なく、他のＩＰＯの抽選に資金を回したいのであれば、なるべく早めに売却して投資資金を口座に戻した方がいいと思います。

一方、投資資金が豊富で事業内容も将来性が期待できるものであり株価が下落しても耐えられるメンタルがあれば、保有を続けてもいいのかなと思います。

投資は自己責任とよく言いますが、初値売りをしない場合、まさに自己責任で売るタイミングを決める必要があります。

2 公募割れしたら損切りするか、保有を続けるか

株式投資でメンタル的に難しいのが、損失を確定する「損切り」です。そして、株式投資において大事なのも「損切り」の判断です。

心理学で「**損失回避バイアス（認知のゆがみ）**」というものがあります。

利益を得た喜びと損失の悲しみを比べると、**損失の方が大きく印象に残る**というものです。例えば1万円を拾い、その後1万円を落としたとします。計算上はプラマイゼロですが、失った1万円の悲しみの方が大きく印象に残るというものです。

当選したＩＰＯ株が公募割れをした際に、なかなか売れない方がいるのも、この損をしたくないという**損失回避バイアスの心理**が働くからです。

公募割れしたＩＰＯ株は、その後、株価がどっちに動くのかわかりません。

公開価格以上に戻ってラッキーな場合もありますし、さらに株価が下落し大損する場合もあります。

また、株価が戻るといっても、どれくらいの期間を要するかわかりません。２日後なら待てると思いますが、３年後ならどうでしょうか。

公募割れしたＩＰＯ株は、**思い切って売却し損失を確定するのが個人的にはお勧め**です。

売却した資金が口座に戻ることで、再度ＩＰＯの抽選に資金を回したり、他の株を買ったりで

きます。

ただ、投資戦略は人それぞれ。売却のタイミングも人それぞれです。

3 慣れてきたら目標株価を決めて売る

IPO初心者には初値売りを勧めてきましたが、取引に慣れてきたらご自身で目標株価を決めて、その価格で指値注文を出すのも良いでしょう。

本来は、これが株式投資の醍醐味でもあります。

筆者の場合、一部のIPO銘柄では、目標株価を決めて公開価格より高い値段で「売りの指値注文」を出しています。

初値がその価格を超えれば初値売りになりますし、その価格に届かない場合は保有を続けることになります。

4 同業他社との比較（バリュエーションで比較）

同業他社との比較で最もポピュラーな方法は、**同業他社のPERやPBRと比較することです。**

PER（株価収益率）は株価を一株当たり利益（EPS）で割ったものです。**PERの数値は低いほど割安**とされます。

ＰＢＲ（株価純資産倍率）は株価を一株あたり純資産（ＢＰＳ）で割ったものです。現在の株価に対して、企業の資産価値（解散価値）がどの程度あるのかを示す指標になります。

ＰＢＲも低いほど割安とされ、ＰＢＲが１未満ならば、純資産に比べて株価が安いとされます。

ＩＰＯ投資にあてはめると、新規に上場するＩＰＯには大抵、同業種がすでに上場しています。

わかりやすい例は、２０２２年12月に上場し

● PERとPBRについて

指標名	求める式	概要	数値の見方	
			低い	高い
PER（株価収益率）	$PER = \frac{株価}{EPS}$	株価が「1株当たり純利益（EPS）」の何倍なのかを表す指標。	割安	割高
			低い	高い
PBR（株価純資産倍率）	$PBR = \frac{株価}{BPS}$	企業が保有する純資産を「1株当たりの純資産（BPS）として算出し、株価をどのくらい上回っているのかを表す指標。1倍を基準にします。	割安	割高

● スカイマークの分析

指標	スカイマーク（9204）	ANA HD（9202）	日本空港（9201）	スターフライヤー（9206）
株価	1,170円	3,431円	3,118円	2,867円
PER	6.64倍	18.95倍	22.34倍	8.18倍
PBR	—	1.87倍	1.67倍	—

スカイマークは、上場時の公開価格（1,170円）と、2023年３月期の予想実績で算出した数値。その他３社は、参考ということで、2023年７月６日時点の数値（スカイマーク上場時とは異なる）

たスカイマーク（９２０４）があります。同業種と比較すると下段の図のようになります。

スカイマークはＰＥＲを見ると、大手航空会社2社より割安な設定価格となっています。

実質の同業他社となるスターフライヤーと比較しても割安で、仮説としてスターフライヤーと同じＰＥＲである8倍をつけると仮定すると、２０２３年3月期の予想ＥＰＳ１７６・１１円×8倍＝１４０９円となり、公開価格の１１７０円より２４０円ほどの上昇余地はありそうです。

説明が少し長くなりましたが、もちろん株価は割安性だけで説明できるわけではありません。

「株価は企業の将来性を映す鏡」ともいわれており、事業内容や売上高またその業績の伸びなど、あらゆるものが指標となって株価が形成されています。

スカイマークもスターフライヤーと比較して、業績の伸びが悪ければ今の株価が妥当となりますし、仮に大手2社と並ぶほどの業績になるのであれば、ＰＥＲ18倍程度の株価になってもおかしくないということになります。

5 同業他社との比較（ＰＥＲやＰＢＲといった指標で比較）

同業他社のＰＢＲが軒並み2倍以上ある場合、当選したＩＰＯ株もＰＢＲが2倍以上になる可能性があると判断できます。

公開価格が１０００円でＰＢＲが1倍だとしたら、株価は2倍になる可能性があります（極端な例です）。

● 東証グロース市場の業種別平均 PER・PBR

種別	単純PER（倍）	単純PBR（倍）
建設業	14.4	1.4
食料品	43.9	5.3
化学	27.2	3.3
医薬品	−	3.9
電気機器	54.9	4.1
輸送用機器	21.2	1.6
精密機器	−	2.7
その他の製品	18.9	2.3
倉庫・運輸関連業	13.2	3.2
情報・通信業	123.6	5.2
卸売業	53.0	3.8
小売業	18.9	3.4
証券、商品先物取引業	12.2	1.7
保険業	40.7	2.6
その他金融業	28.2	5.4
不動産業	47.3	3.1
サービス業	50.7	4.4

6 直近の類似IPOとの比較

2023年の例でいえば、住信SBIネット銀行（7163）と楽天銀行（5838）は同じネット銀行業であり、先に上場した住信SBIネット銀行の好調な株価推移が投資判断に影響しました。

同様に２０２３年３月に上場したＶＴｕｂｅｒ事業のカバー（５２５３）は、２０２２年６月に上場したＡＮＹＣＯＬＯＲ（５０３２）の株価推移と発表されている好決算が投資判断に影響しました。

同業他社との比較が一番、目標株価を決めやすいといえますが、なかには同業他社がないＩＰＯもあります（いわゆる初物のＩＰＯ）。

そういった場合や他社との比較まで考えない場合は、公開価格の＋○％で売るというシンプルな方法で目標株価を設定しても良いと思いますし、私もそうすることが多いです。

04 売らずに保有を続けても、もちろんOK

1 配当金をもらい続ける

ＩＰＯ投資は株式投資の一種で、ＩＰＯ株の中には配当金をだしている企業もあります。

配当金とは会社が事業で得た利益の一部を、保有株数に応じて株主に分配（還元）する現金のことです。年1～2回実施している企業が多く、上場企業の配当利回りの平均は約2％です。

面白いことに、ゆうちょ銀行の通常預金金利はわずか0・001％しかありませんが、配当利回りは3・45％と預金金利の3450倍もありました。

筆者と妻もゆうちょ銀行の株を夫婦で持ち続け、合計で4・7万円の配当金をもらいました。

配当金を株主に還元するＩＰＯ株を保有すれば、保有を続ける限り配当金をもらい続けることができます。

なおグロース銘柄は成長投資に資金を活用し、配当金を出していない場合が多いです。

2 将来性に期待し株価の上昇を狙う

東証グロース市場に上場するＩＰＯの中には、新規性の高いスタートアップ企業やベンチャー企業が見受けられます。イノベーション（新たな価値）を起こすようなビジネスモデルを開発し、先行投資をしている事業の会社では、売上高は伸びているものの、創業から赤字が続いていることがあります。

事業の成長性と可能性を信じ長期投資できるなら、そういったＩＰＯ株を保有し続けるのもひとつの手です。

ただし、こういったグロース株（成長株）は高い成長性が求められており、売上高の伸びが落ちたり、黒字化に期待が持てなくなった場合、売り注文が殺到し、株価が大幅に下落する可能性も高いので注意が必要です。

ハイリスク・ハイリターンの投資となりますので、投資初心者はグロース株への投資は控えた方が良いかもしれません。

筆者は成長性の高いグロース株が個人的に大好きなので、積極的に投資しています。

ベンチャーに投資して、
長期保有もいいけど、
黒字化できるか、見極めが
大切だよ！

グロース株に投資する場合、一度にたくさん買うのではなく、時間を分散させて少しずつ買っています。

また、成長性に疑問が出てきた場合は、損切りとなってもすぐに全株を売却しています。

投資は分散投資が基本

株式投資における**分散投資**とは、**「投資する銘柄」「業種」「購入時期」**などを集中させずに分けることです。

投資する銘柄を分散する

ひとつの銘柄だけに資金を集中して購入すると、購入株が仮に倒産した場合、投資価値がほぼゼロになります。

複数の銘柄に分散投資すると、A株が仮に倒産してもB株やC株の資産が残り、投資価値がほぼゼロになることがありません。倒産は極端な例ですが、業績悪化などによる株価の大幅下落はあり得ます。

投資する業種を分散する

銘柄を分散するといっても、同業種を購入していると分散効果が薄くなります。仮に、自動車メーカーのD株とE株を購入した場合、自動車業界全体に悪いニュースが出ると、D株もE株も株価に悪影響が出てしまいます。自動車メーカーのD株を購入したら、レストラン事業のF株やIT関連のG株を購入することで、業種を分散できます。

購入の時期をズラす（時間分散投資）

株価は常に変動しており、底値で購入するのはとても難しく、場合によっては逆に高値で購入してしまうこともあります。そこで、買うタイミング（時期）を数回に分けることで、高値で購入するのを防ぎます。例えば、購入価格2万円の株を一回で20万円分買うのではなく、2万円ずつ10回、購入時期をずらして買うことで、高値で買うリスクを分散させることができます。

次の6時限目では、人気ＩＰＯの当選確率を上げるコツを紹介していきます。

Episode 7

購入した当選 IPO 株はどこにいった？

IPO に当選したら、購入期間内に IPO 株を購入しますが、購入した IPO 株がすぐに保有株一覧に表示される証券会社と、すぐには表示されない証券会社があります。すぐに表示されない証券会社は、売り注文が可能になるタイミングで保有株一覧に表示されます。

たまに、筆者に「IPO 株に当選し購入したんだけど、どこにありますか？」と問合せが来ることがありますが、当選し購入した証券会社にご確認ください！

なお、せっかく当選したのに見当たらず、不安になる気持ちはよ～くわかります（笑）

IPO の当選・購入手続き後に、きちんと購入できているのか確認しておきましょう。購入できた場合には、「購入済み」や「約定済」と表示されます。

当選　5585 エコナビスタ 東証

①抽選申込受付前 ▸ ②抽選申込受付中 ▸ ③抽選申込終了 ▸ ④抽選中 ▸ ⑤購入申込受付前 ▸ ⑥購入申込受付中 ▸ ⑦購入申込終了

募集情報

仮条件提示日	2023/07/05（水）
仮条件	1,180～1,300円 刻み値： 60円
抽選参加申込期間	2023/07/07（金）06:00～2023/07/13（木）10:00
公募・売出価格決定日	2023/07/14（金）
公募・売出価格	1,300円
抽選日	2023/07/14（金）
購入申込期間	2023/07/18（火）06:00～2023/07/20（木）15:30
上場日	2023/07/26（水）
申込可能数量	100株

抽選・購入情報

抽選申込日時	2023/07/07（金）16:16
購入申込（辞退）日時	2023/07/18（火）15:52
申込数量	100株
申込価格	成行
当選数量	100株 購入申込済 （100株当選確定）
補欠当選数量	--
預り区分	特定預り

6時限目
IPOの当選確率を上げるコツ

カブカブTVです アイピー王さんは 何でそんなに 何回もIPOに 当選しているんですか？
もしや資産家？
ちょっとしたコツと コツコツ続けることが ポイントです コツ&コツコツですね
ちがいますよ
当選確率を上げるには… まずは単純に 抽選の機会を 増やすこと
証券会社の口座を多数 開きましょう
多いので毎回参加
少ないのでたまに参加
家族も口座を開けば更に2倍3倍になります
3人分
1人分
他には… 平等抽選方式の証券会社に応募することです
1口座に1票の抽選権なので 投資資金の大小に関係なく 公平に抽選が行われます
口数比例方式の場合 資金力のある人の方が有利なんです
抽選
1票
1票
1票
1票
1口
5口
10口
500口
当選するまで このページの IPO攻略法を 諦めないで 続けることが 肝心です！
まずは アイピー王さん おすすめの 証券会社から 口座開設して みましょう！
現場からは以上です！

01 IPOの当選パターンを知ろう

1 IPO当選に向けてやるべきことをやろう

IPO投資歴18年になる筆者のIPOの当選回数は一家合わせて138回です（2023年7月13日時点）。2022年は一家で19回当選しています。

IPO投資は一時限目で紹介した通り、ローリスクで取り組め、IPOの抽選に参加し当選すると利益になる確率が高いことから個人投資家に人気が高い投資法です。

IPOに当たらない…といったつぶやきをTwitterなどで見かけます。当選に向けて何も準備をせずに申し込んでも、当たりづらいので、こちらで当選のコツを学んでいきましょう。

IPO当選のために、
今までやってきた
秘技を教えるよ！

私が当選に向けて実践している方法は特別なことではなく、誰でもできる方法です。

これから紹介する方法を実践し継続することで、ＩＰＯの当選確率は上がると思います。

こちらで出し惜しみすることなく紹介していますので、ぜひ実践してＩＰＯの当選を目指してください。

2 ＩＰＯの当選パターンは2つ

- **対面型証券会社の担当者からＩＰＯ株の割当をもらう（ＩＰＯ株を購入する）**
- **ネット証券でブックビルディングに参加し、抽選で当選し購入する**

証券会社には店舗があり担当者がいる**対面型の証券会社**と、実際の店舗はなくネット上で株の売買などを行う**ネット証券会社**があります。

対面型証券会社は、取引手数料は高いですが、担当者に投資の運用などを相談できます。

ネット証券会社は、相談できる担当者はいませんが、**取引手数料が安くまた無料で利用できる便利な取引ツールや分析ツールが多い**です。

本書でお勧めするのは、**ネット証券のブックビルディングに参加**する方法です。

3 対面証券のお得意さんは、担当者から割当をもらう

対面型証券会社を利用してＩＰＯ株をもらう方法の場合、担当者のお得意さんになる必要があり、資金力がある人が優先されるので、資金力のない顧客は圧倒的に不利になります。

対面型の証券会社では担当者からＩＰＯの割当をもらうわけですが、担当者は優先度の高いお得意さんから順に割当していきます。

つまり、預け高資産が多く、よく取引を行い、担当者の実績や証券会社の売上に貢献してくれている顧客からＩＰＯ株は割当てられます。

また、利益が見込める良いＩＰＯ株はお得意さんに回り、損失が出そうなＩＰＯ株はその他の顧客に回ることもあります。

数億円の資産を持っている投資家の場合、対面型の証券会社の担当者と仲良くなることで、良いＩＰＯ株をもらいやすくなります。

庶民の戦場はネット証券が
メインになるよ！

4 一般ユーザーはネットからの抽選で運試し

筆者は一般人で、とても対面型証券会社のお得意さんにはなれません。

そこで、ネット証券からＩＰＯのブックビルディングにコツコツ参加し、**抽選による運試しでＩＰＯの当選回数を増やしています。**

本書では、一般人である筆者のＩＰＯ当選のコツを紹介していますので、ぜひ、真似ができそうなところは真似してみてください。

これ以降のＩＰＯ当選のコツはすべて、ネット証券からＩＰＯ当選を目指す方法を紹介しています。

02 複数の証券会社に口座開設しよう

1 複数の証券会社に口座開設しよう

ＩＰＯのブックビルディングは、**複数の幹事証券から申し込むことが可能**です。

1社からＩＰＯのブックビルディングに参加するより、**2社からIPOに参加する方が当選しやすくなります**。単純な計算では当選確率が2倍に、5社から参加なら5倍になります。

ＩＰＯの幹事証券となる証券会社は決まっているので、多くの証券会社で口座を開設し、ブックビルディングに参加するのが、ＩＰＯ当選への近道であり王道となる方法です。

次ページの表は、主な幹事証券の２０２２年の幹事数実績です。

極端にいえば、これらすべての証券会社に口座開設した方が、ＩＰＯのブックビルディングに参加する機会が増え、ＩＰＯに当選しやすくなります。

とはいえ、いきなりすべての証券会社を口座開設するのも大変です。初めはこの中から**いくつ**

主な幹事証券の幹事数実績（2022年）

証券会社	幹事数	主幹事
マネックス証券	60社（全体の66%）	0社
SMBC日興証券	47社（全体の52%）	24社
大和コネクト証券	42社（全体の46%）	0社
松井証券	55社（全体の60%）	0社
SBI証券	89社（全体の98%）	13社
SBIネオトレード証券	21社（全体の23%）	0社
岡三オンライン	38社（全体の42%）	0社
岡三証券	38社（全体の42%）	2社
楽天証券	65社（全体の71%）	0社
auカブコム証券	23社（全体の25%）	0社
岩井コスモ証券	37社（全体の41%）	0社
野村證券	38社（全体の42%）	11社
みずほ証券	47社（全体の52%）	19社
大和証券	42社（全体の46%）	17社
DMM.com証券	10社（全体の11%）	0社
三菱UFJモルガン・スタンレー証券	23社（全体の25%）	4社
東海東京証券	25社（全体の27%）	3社
東洋証券	24社（全体の26%）	0社

IPOの幹事が多い証券会社
はこの通りです！

か選んで口座開設してみてください（3～5社）。慣れてから少しずつ口座を増やすのも手です。

2 主幹事証券会社のみの参加では当選しづらい

2時限目で紹介しましたが、**主幹事証券**はＩＰＯにおいてリーダー的な役回りがある証券会社で、ＩＰＯが多く配分され、顧客にたくさんのＩＰＯ株を配分できます。

「主幹事証券だけでＩＰＯに参加すればいい」と勧めている方を見かけますが、主幹事証券以外の幹事証券も含めて、**より多くの証券会社に口座開設した方がＩＰＯに当選しやすくなります。**

先ほどの一覧表に２０２２年の主幹事数も掲載しました。

主幹事を行う証券会社は限られており、主幹事だけのＩＰＯ参加は、その他の幹事会社からはＩＰＯに参加しないということです。

筆者のＩＰＯ当選回数は１３８回ですが、そのうち、

- **主幹事からのＩＰＯ当選回数は、63回**
- **主幹事以外からのＩＰＯ当選回数は、75回**

主幹事証券だけでＩＰＯに参加した場合、この75回のＩＰＯ当選はありませんでした。

主幹事証券の割当数が多く、ＩＰＯに当選しやすいのは事実ですが、主幹事証券以外の証券会社からもＩＰＯに参加することで、ＩＰＯの当選機会はアップします。

03 一人一票の平等抽選は資金力がない一般人でも当選を狙える

1 平等抽選は運しだいでIPOに当選できる

1時限目でも紹介したIPOの配分ルールについておさらいします。

下表の4つの配分ルールのうち、資金力の大小に関係なく、IPOの当選チャンスがあるのが、**口座名義に一票の抽選権が与えられる平等抽選**です。

平等抽選でのIPO当選は運しだいです。筆者のIPO当選回数138回のう

● 配分のルールと配分方法

配分ルール	配分の方法
平等抽選 おすすめ	・口座名義に抽選権が1つ与えられる ・投資資金(抽選資金)の大小に関係なくシステムで公平に抽選が行われる ・運しだいでIPOに当選し購入できるので、おすすめ
口数比例抽選	・一口の応募につき抽選権が1つ与えられる ・応募口数が多いほど当選確率が上がる。つまり、抽選資金が多いほど有利
ステージ制抽選	・預け残高やこれまでに支払った手数料などによりランクが決定。ランクにより抽選による当選確率が変わる
割当	・普段から担当者と取引のお付き合いをし、懇意にしている人が割当をもらいやすい

ち、94回が平等抽選方式の証券会社で、全当選数の68・1%を占めています。

2 家族の協力で当選確率UP

平等抽選方式では一つの口座につき一票の抽選権が与えられます。

よって、ご家族の協力が得られる場合、ご家族にもIPOに参加してもらうことで、IPOの当選確率を上げられます。

- **一人でIPOに参加：抽選権は一つ**
- **夫婦でIPOに参加：抽選権は二つ**

もちろん、IPOの当選者は各名義人となりますが、**一家での当選確率でいうと、当選確率は2倍となります**。

また、0歳からIPOに参加できる証券会社もあります。

未成年を対象とした**未成年口座からIPOに参加**できる場合、お子さんも口座開設し、IPOに参加することで当選確率はさらにUPします。

筆者も独身時代は一人でＩＰＯに参加し、結婚後に妻にＩＰＯを説明し参加してもらい、子どもが生まれてすぐに未成年口座を開設して、一家としてのＩＰＯ当選回数を増やしています（妻のＩＰＯ当選回数は48回、7歳の子どもは5回）。

15歳以上で取引主体が未成年になる証券会社もあり、高校生以上になると自分の判断でＩＰＯ投資に参加することでご自身のお小遣いを増やすキッカケになるかもしれません（投資は損失リスクもあるので親権者の見守りは必要です）。

名義貸しや借名取引はダメ

家族に協力してもらうといっても、本人以外の方が許可なく身内の口座を開設したり、勝手に取引するのは「名義貸し」や「借名取引」にあたるので、絶対に行ってはいけません。

ご家族に協力してもらう場合は、ＩＰＯ投資のメリットとリスクをきちんと説明し、理解された本人に口座開設やＩＰＯの申込みをしてもらってください。

なお、**未成年口座の場合は親権者が代理で口座開設や取引が可能**となっています。

各証券会社によって、代理できる取引の範囲や口座開設できる年齢なども変わりますので、各証券会社にてご確認ください。

04 抽選資金不要の証券会社は入金ゼロでもＩＰＯに参加できる

1 抽選資金不要とはＩＰＯ申込時に資金が必要ないこと

抽選資金が不要な証券会社では、口座への**入金がゼロでもＩＰＯに参加**できます。

本書で紹介しているＩＰＯ投資は、次の流れになります。

- **ブックビルディング（需要申告）に参加する**
- **抽選が行われる**
- **当選したらＩＰＯ株を購入する**
- **上場日以降にＩＰＯ株を売却する**

多くの証券会社では、ブックビルディング参加や抽選時に抽選資金が必要です。

抽選資金が不要な証券会社では、抽選に当選して**IPO株を購入するときにだけ資金が必要になります。**

当選するまで証券会社の口座へ入金する必要がないので、IPO参加へのハードルは低くなります。

2 抽選資金不要の証券会社一覧

抽選資金不要の証券会社は2023年7月13日時点で9社あります。

IPO投資に参加するハードルが低いので、IPO初心者にもお勧めです。こちらで一覧と2022年の幹事数を紹介します。

抽選資金不要の証券会社は年々、少しずつですが増えている印象です。

私も抽選資金不要の証券会社から12回の当選実績があります。

● 抽選資金不要の証券会社一覧

抽選資金不要の証券会社	幹事数	主幹事
松井証券	55社（全体の60%）	0社
SBIネオトレード証券	21社（全体の23%）	0社
岡三オンライン	38社（全体の42%）	0社
野村證券	38社（全体の42%）	11社
みずほ証券	47社（全体の52%）	19社
DMM.com証券	10社（全体の11%）	0社
JTG証券	6社（全体の7%）	2社
アイザワ証券	7社（全体の7%）	1社
むさし証券	6社（全体の7%）	0社

05 委託幹事証券（ウラ幹事）からもＩＰＯに申し込もう

1 目論見書に載らず穴場的な存在の委託幹事証券

委託幹事証券とは、**主幹事証券や引受幹事証券から委託されて販売する証券会社**のことです。

主幹事証券や引受幹事証券はＩＰＯ承認時の目論見書に掲載されますが、委託幹事証券は掲載されません。

掲載されないことから、**別名ウラ幹事と呼ばれ**ます。ＩＰＯに参加できることに気づいていない方も多く、**ＩＰＯのブックビルディング参加において穴場的な証券会社となります**。

委託幹事証券に気づく方法として、各証券会社のＨＰに

掲載されているIPO取り扱い一覧やお知らせを見る方法がありますが、毎日チェックするのはなかなか大変です。

そこで、筆者が運営する「庶民のIPO」では、委託幹事証券が決まった際に、各IPOの幹事証券欄に掲載し、メール通知システムなどで委託幹事証券になった旨をお知らせしています。

IPOの当選確率UPを目指して、委託幹事証券からのIPO参加もしていきましょう。

06 ＩＰＯの優遇特典やチャンス当選を利用する

1 優遇特典やチャンス当選が用意されている証券会社がある

自社のサービスをよく利用する顧客に向け、ＩＰＯの当選確率をアップする仕組みを導入している証券会社があります。「預かり資産が○百万円以上」や「月間の手数料の合計金額が○十万円」など当選確率アップのための条件はさまざまです。

優遇特典やチャンス当選を用意している証券会社のうち、筆者が実践している3社の証券会社について、さらっとご紹介します。

SBI証券は落選でポイントを貯めて当選をもらえる

SBI証券では、ブックビルディングに参加し、**抽選で落選すると「IPOチャレンジポイント」が1ポイントもらえます。**

このポイントを貯めてブックビルディング参加時に利用することで、ポイント上位利用者からIPOの割当（当選）があるというSBI証券独自のシステムです。

筆者も、このIPOチャレンジポイントを利用してのポイント当選が2回あり、子供も4歳のときに1回ポイント当選しています。

筆者がRPAホールディングスのIPOに当選した際に利用したポイントは415ポイントです。

つまり、IPOのブックビルディングで415回落選したということですが、コツコツIPOに応募した結果、最終的にポイントを利用し、IPOの割当（当選）をもらうことができました。

大和コネクト証券は5つの条件

大和コネクト証券では、優遇抽選が用意されており、完全抽選の落選者を対象に再抽選が行われます。5つの条件のうち、該当するたび

● **チャレンジポイントの使用画面**

RPAホールディングス（株） （6572）東証マザーズ			目論見書 | HP	
RPA HOLDINGS	ブックビル期間	3/8 0:00～3/14 11:00	ブックビル申込	受付終了
	発行価格又は売出価格	3,570円	申込単位	100株単位
	ブックビル申込内容	ストライクプライス (使用IPOポイント 415P)	上場日	3/27
	抽選結果	当選／300株	購入意思表示期限	3/22 12:00
	購入意思表示	3/19 0:00～	購入結果	-

に抽選券がもらえます（該当ゼロでも1枚）。

❶ **39歳以下**
❷ **NISA口座または、つみたてNISA口座を開設済み**
❸ **信用取引口座を開設済み**
❹ **信用取引の建玉（たてぎょく）を保有**
❺ **投資信託※（ETF、REIT）の残高を保有**
※まいにち投信による継続的な買付を確認

誰でも簡単に優遇抽選となる条件は❸の信用取引口座の開設です。信用取引口座の開設をするだけで利用する必要はありません。

❹については金額面と保有期間の条件がないので、株価の低い銘柄をIPOの抽選前に信用取引で購入しています（抽選期間が終わったら売却）。

❺の投資信託は、毎日100円以上の継続的な積立投資が必要になります。つみたて投資自体は株式投資において有効なので、こちらはやっている方もいらっしゃるかもしれません。

❷のNISA口座については注意が必要です。NISA口座は1人につき、年間で1つの金融機関しか選択できません。

❶は年齢条件ですが、大和コネクト証券は15歳から未成年口座の開設が可能です。ちょっと理解できない用語もあったかもしれませんが、本書では掲載できるページ数も限られているので、わからない点は巻末にある専用ページからお問合せください。

条件の該当がゼロでも抽選券は1枚もらえるので、信用口座を開設すると抽選券が2枚になります。また、年齢が39歳以下でしたら抽選券が3枚になります。

SMBC日興証券は長期保有の株を購入しステージを上げる

SMBC日興証券のネット取引コースである「ダイレクトコース」では、IPOの優遇特典として、同率抽選（平等抽選）での**落選者を対象に「ステージ別抽選」という再抽選**が用意されています。もらえる抽選票はステージにより変動します。

ブロンズクラスでは、SMBC日興証券の新規口座開設から3ヶ月間、再抽選時の抽選票を一票もらえます。

筆者が実践しているのは**「お預かり資産高」の条件クリア**です。お預かり資産高は現金のほか、保有株の評価額も含まれます。

そこで、数年単位で保有を続けると決めている株式を同社で購入し保有を続けて、ブロンズクラス、シルバークラスへとステージアップしました。

三井住友銀行に口座をお持ちの方は、SMBC日興証券との口座連携サービスである「**バンク&トレード**」も活用したいです。

バンク&トレードを契約することで、**三井住友銀行口座の残高もお預かり資産残高にカウント**されます。

銀行預金がステージのランクに反映されるのでステージアップしやすくなります。

SMBC のステージ判定条件

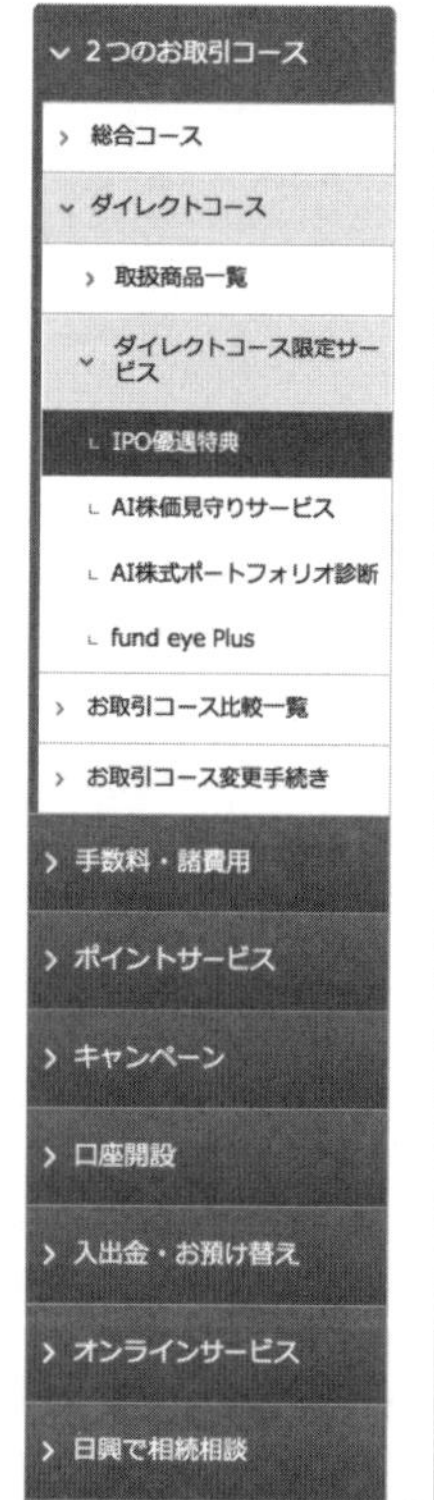

出典：SMBC日興証券Webサイトより
https://www.smbcnikko.co.jp/service/course/direct/service/ipo/index.html

07 IPO当選に向けて知っておきたいこと

1 ネット抽選による個人への配分率は証券会社で違う

IPOを行う企業から幹事証券にIPO数が割り当てられますが、その割当数から個人投資家へ配分される割当数は各証券会社の配分率により異なります。

例えば、マネックス証券の個人投資家のネット抽選による配分率はほぼ100%ですが、野村證券のネット抽選による配分率は10%です。

IPO承認後、各証券会社の割当数は公表されますが、各証券会社の配分率は掲載されておりません。そこで筆者が運営している「庶民のIPO」では、筆者が各証券会社の配分率を調べ、私たち個人投資家に関係があるネット抽選によるネット抽選分の口数を掲載しています。

こちらは、**「割当数」×「個人投資家の配分率」で単純計算しているものです。**

次の図は2023年に上場した楽天銀行（5838）の各証券会社の割当数を多い順に並べた

ものです。また、配分率をかけたネット抽選分を右の列に掲載しています。

割当数が一番多いのは大和証券ですが、個人投資家がネット抽選に参加した際に当選者数が多いのは楽天証券でした。

ゴールドマン・サックス証券は、割当数が多いものの、IPOのネット抽選は受け付けておらず、ネット抽選による当選者数はゼロとなっています。

このように、本書で紹介しているIPO投資によりIPO当選を目指す場合、**ネットからブックビルディングに参加した際の当選口数**はどれくらいあるのかも気にしておきたいです。

IPO投資において複数口座からブックビルディングに参加すればIPOに当選しやすくなりますが、個人投資家への配分がない証券会社もあります。

各証券会社の割当数とネット抽選分

証券会社	割当数	ネット抽選分
大和証券	11,619,500株	11,619口
三菱UFJモルガン・スタンレー証券	4,623,600株	4,623口
みずほ証券	3,742,900株	3,742口
ゴールドマン・サックス証券	1,651,200株	0口
SMBC日興証券	2,642,000株	2,642口
楽天証券	4,403,400株	44,034口
野村證券	2,752,100株	2,752口
マネックス証券	275,100株	2,751口
松井証券	275,100株	1,925口
大和コネクト証券	委託幹事	1,161口

2 補欠当選は繰り上げのチャンスあり

4時限目で紹介した**補欠当選**ですが、可能な限り**繰り上げ当選を狙って購入の申込み**をしておきましょう。

当選した人が当選を辞退、または購入期間中に当選したIPO株を購入しなかった場合には、繰り上げ当選のチャンスがあります。

筆者も補欠当選からの繰り上げ当選は8回あります。

なお、補欠当選の取り扱いについては各証券会社で違い、SMBC日興証券では「落選」がなく当選しなかった場合、すべて「補欠当選」になります。

よって繰り上げ当選はほぼ期待できません。

一方、補欠当選すること自体が珍しい証券会社の場合、繰り上げ当選の期待値は高まります（筆者の例だとマネックス証券や野村證券など）。

3 SBI証券は申込みの株数が多いほど有利

SBI証券はIPOの配布方法のひとつに「**口数比例抽選**」というものを採用しています。

個人投資家への配分の6割の数量が口数比例抽選の対象となります。

口数比例抽選では、ブックビルディング参加時に100株の申込みにつき1口の抽選券が与えられます。

よって、申し込む株数が多ければ多いほど、抽選券が増えるので当選確率が上がります。

宝くじを1枚買うより30枚買う方が当選確率が上がるのと同じです。

SBI証券からIPOに申し込む場合、買付余力の範囲内で最大になるよう申し込まれるのがお勧めです。

世の中には資金力がとても豊富な投資家もたくさんいます。一般人の全力とお金持ちの全力では申し込める株数に差があります。

SBI証券の口数比例抽選は、資金力が高い人ほどIPOに当選しやすい仕組みです。

4 証券会社間の資金移動はネット銀行を使うと便利

ＩＰＯ投資を行っていると、Ａ証券にある現金をＢ証券に移したいという場面が出てきます（ＩＰＯにより幹事証券が異なるため）。

各証券会社ではネット銀行を利用した「**即時入金サービス**」を行っています。こちらは名称の通り、証券会社の口座からネット銀行にログインし振込手続きをすることで、即座に入金ができるというサービスです。**振込手数料は無料**のところがほとんどです。

- **Ａ証券からネット銀行に出金する（無料）**
- **Ｂ証券にログインし即時入金サービスを利用する（無料）**

ほとんどの証券会社では銀行からの入出金は無料となっています（証券会社側が顧客サービスの一環として手数料を負担している）。

ただし、PayPay証券など、ごく一部の証券会社では入出金時に手数料がかかるので、事前に確認してください。

なお、証券会社からネット銀行に出金する際は各証券会社で定められたタイミングでの出金（振込）となります。即時に出金することはできませんのでご注意ください。

5 ＮＩＳＡ口座でＩＰＯ株の利益による税金をゼロにしよう

ＮＩＳＡ口座で購入し売却益が出た場合、利益にかかる税金はゼロになります（本来、合計で20・315％かかる税金が非課税に）。

一方、売却損が出た場合は、他の利益と損益通算ができず、節税対策ができません。

ＮＩＳＡ口座の活用方法はあらゆるところで紹介されていますが、**筆者はローリスク投資であるＩＰＯ投資と相性が良いと思っています。**

1時限目で紹介した通り、本書で紹介しているＩＰＯ投資はリスクを限りなく抑えることが可能であり、また人気のＩＰＯに当選した場合、大きな利益を得られる可能性があります。

なお、ＮＩＳＡ口座は一つの金融機関にしか口座開設できません（一年ごとに変更は可能）。

● NISA 口座での非課税額

IPO	証券会社	利益	非課税となり得した金額
RPA ホールディングス（6572）	SBI 証券	107万1,000円	21万7,573円
QD レーザー（6613）		7万3,000円	1万4,829円
テンダ（4198）	マネックス証券	32万5,000円	6万6,023円

筆者はマネックス証券、妻はSBI証券でNISA口座を開設しており、人気が高いIPOはNISA口座でブックビルディングに参加し当選しています（前ページの図）。

売却益にかかる合計20・315％分の**税金がゼロ**になりますので、その恩恵はかなり大きいです。

ご自身がよく利用される証券会社、またはIPOが当たりそうだなと思える証券会社でNISA口座を開設するのが良いと思います。

6 2024年から使い勝手が向上した新NISAがスタート！

2024年1月から新NISAがスタートします。

現行NISAで指摘されていた問題点が大幅に改善され、現行よりかなり使いやすくなる予定です！

大きく変わるのは、次の3点です。

● 新NISAの概要

項目	成長投資枠	つみたて投資枠
開設できる方	18歳以上	18歳以上
年間投資枠	240万円	120万円
非課税保有限度額	2つの枠の合計で1,800万円まで 成長投資枠だけ利用の場合、1,200万円まで	
非課税期間	無期限	無期限
投資商品	上場株式、投資信託など	一定の要件を満たす 公募株式投資信託

- **年間投資枠の拡大**
- **非課税期間の撤廃**
- **売却した際の非課税枠が翌年に再利用できる**

そして、新ＮＩＳＡでは**成長投資枠とつみたて投資枠の併用**が可能になります。

これまでのＮＩＳＡではどちらか一方だけの選択でしたが、併用が可能となったため、**成長投資枠でＩＰＯのブックビルディングに参加し、つみたて投資枠でコツコツ積立投資を行うといったことができるようになる予定**です。

新ＮＩＳＡについては、本書の執筆時点ではまだ制度を固めている段階です。現在決まっている内容を確認したい方は金融庁のＷｅｂサイトをご確認ください。

08 IPO当選の道は継続と手間と我慢

1 IPOはカンタンには当たらないコツコツ継続しよう

本書では、IPO投資はローリスクで取り組め、人気IPOに当選すれば大きな利益を得られる可能性があることを紹介してきました。

個人投資家に人気が高く抽選倍率も高いため、そう簡単には IPOに当選しません。

ただし、IPOの抽選（ブックビルディング）に参加するには、費用は一切かかりません。

宝クジのように購入する必要がなく、当選の期待値も宝くじの1000円以上より高いはずで

す。

本書でお勧めしているＩＰＯ投資は、抽選の運任せによるところが大きい投資法です。

筆者のところへＩＰＯ初当選の喜びの声が多く寄せられますが、ＩＰＯ投資を始めて1ヶ月で2度も当選する方もいれば、3年目で初めて当選した方もいます。

これまで紹介してきたＩＰＯ当選のコツを最大限に実行すれば、ＩＰＯの初当選も見えてきます。諦めずにコツコツとＩＰＯの申込みを続けてみてください。

2 ＩＰＯの当選をエクセルで管理しよう

ＩＰＯに当選したら、筆者が運営している「庶民のＩＰＯ」で無料配布しているエクセルテンプレートで管理してみてください。

ＩＰＯの当選実績が増えるほど、データが蓄積されていきます。

どこの証券会社でどのくらい当選し利益が出ているかなどが確認でき面白いです。

本書で紹介している筆者の当選によるデータの数値も、こちらのＩＰＯ当選管理エクセルの数値を掲載しています。

ＩＰＯ投資を楽しむためにも、ぜひ当選履歴をつけてみてください。

IPOを管理するExcelはこちらからダウンロードできます！

7時限目

IPO投資でよくある質問

01 ＩＰＯの申込みに関するＱ＆Ａ

1 平等抽選は100株の申込みでいいの？

平等抽選方式を採用している証券会社からＩＰＯに申し込む場合、１００株の申込みで大丈夫です（２００株以上申し込んでもかまいません）。

平等抽選の場合、証券会社の割当数（供給数）よりも申込株数（需要数）が少ない場合、申込み数すべてが当選します。

しかし、ＩＰＯ投資は人気があり、**証券会社の割当数よりも申込株数が多くなるのが通常です**。この場合、抽選により申込者の中から当選者が決定します。

このとき、当選する数量は100株になります。

よって、200株以上申し込んでも良いですが、見込める当選数は100株となります。

また、抽選資金は抽選に申し込んだ株数分拘束される証券会社がほとんどです。

余計な抽選資金の拘束を発生させないためにも、平等抽選を採用している証券会社では100株だけ申し込むのがお勧めです。

2 投資資金を各証券会社にどのように振り分ければいい？

すべての証券会社に同じ金額を入金している方がいますが、IPO投資の資金効率が良くありません。

各証券会社で抽選方法が異なり、抽選資金拘束のタイミングも違います。

わかりやすい例でいえば、6時限目で紹介した抽選資金が不要の証券会社です。

これらの証券会社には事前に入金しておく必要がないので、他の証券会社に入金しておいた方が、資金効率は高まります。

また、4時限目で紹介した同一資金でIPOの抽選に参加できる証券会社の場合、資金の重複が可能なので、他の証券会社より入金額が低くて済みます。

筆者が運営する「庶民のIPO」では、投資金額別の各証券会社の入金例を公開しているので、そちらも参考にしてみてください。

3 抽選資金はなぜ必要？

抽選資金が必要になる理由は各証券会社で異なりますが、1つの例としては**冷やかしを防ぎ正確な需要を知る**ためです。

ブックビルディングでは、投資家に購入したい価格をヒアリングし正式な売り出し価格を決定します。

購入資金が10万円しかないのに、ブックビルディング参加時に抽選資金500万円の申告を行

● 筆者が運営している「庶民のIPO」

目次

1 IPO抽選に対する考え方
2 【50万円未満】抽選資金が少ない場合はシンプルに！
- 抽選資金が10万円の場合
- 抽選資金が20～30万円の場合
- 抽選資金が50万円の場合
3 【300万円未満】抽選資金が増えるとチャンスが広がる！
- 抽選資金が100万円の場合
- 抽選資金が150万円の場合
- 抽選資金が200万円の場合
- 抽選資金が300万円の場合
4 【1,000万円以上】自由度が高く、IPOの参加がラク！
- 抽選資金が1,000万円の場合
- 抽選資金が1,500万円の場合
5 IPO無双！1億円以上の資金がある場合
6 【便利】IPOに必要な抽選資金を管理する資金管理帳
- 各証券会社の入金額はエクセルで管理
7 （参考）カブスルの各証券会社の入金額

「庶民のIPO」で、資金別の戦略を詳しく説明しているよ！

うと、正確な需要を図れません。

また、ある証券会社にメールでインタビューをした際に、「抽選資金（前受金）をブックビルディング申込時に拘束することで、上場会社から引受幹事を任されている」とお聞きしたことがあります。資金拘束がある種の信用に繋がっているのかもしれません。

4 目論見書ではどこを重点的に見ているの？

IPOの承認時に公開される目論見書には、上場予定企業の経営理念や事業内容、財務諸表やIPOの発行価格、上場により調達した資金の使途などが掲載されています。

人によって注目する項目は異なりますが、筆者は初値を予想するため、次の項目を注視しています。

> **第一部 証券情報**
>
> **IPOの日程や公開株数、幹事証券などが掲載されている箇所。この中の「第3 その他の記載事項」では、図や表、写真・イラストが使われ、事業内容や成長戦略などが投資家に理解されやすいようにコンパクトに掲載されています。**

第二部 企業情報

「第1 企業の概況」では、事業内容や沿革が書かれています。重要視して見ているのは「1 主要な経営指標等の推移」で、ここでは売上高や利益の推移を確認することができます。売上高・利益共に右肩上がりに推移しているのが理想で、従業員数が順調に増えているかもチェックしています。

次ページの表はカバー（5253）の主要な経営指標等の推移ですが、売上高が驚異的に伸びており、第4期ですでに黒字化しているのがわかります。

「**第2 事業の概況**」はすべてチェックしています。

経営方針や将来的な経営戦略、また事業環境によるリスクや事業に関するリスクについて書かれています。

企業のホームページには事業内容や経営戦略が書かれることはあっても、事業リスクについて書かれていることはありません。

リスクについて書かれているのは目論見書ならではなので、よく見るようにしています。

上場後に購入し中長期投資を考えている方はぜひ確認してみてください。

サービスごとの販売実績や主要な取引先の情報もこちらで確認することができます。

第四部 株式公開情報

上位株主やストックオプションの内容などを確認しています。
上位株主の顔ぶれを見ることで、どのような取引先が保有しているのか（関係性があるのか）、将来的な売り圧力となるベンチャーキャピタルがどれくらい保有しているのかを知ることができます。

以上、私が重点的に見ている項目になります。

● カバー　第１ 企業の概況　主要な経営指標等の推移
有価証券届出書　第二部 企業の概況（新規公開時）より

1 【主要な経営指標等の推移】

回次		第２期	第３期	第４期	第５期	第６期
決算年月		2018年３月	2019年３月	2020年３月	2021年３月	2022年３月
売上高	(千円)	3,703	136,862	1,479,001	5,724,794	13,663,728
経常利益 又は経常損失（△）	(千円)	△20,227	△62,437	243,344	1,705,571	1,853,978
当期純利益 又は当期純損失（△）	(千円)	△20,407	△62,712	176,133	1,220,751	1,244,465
持分法を適用した 場合の投資利益	(千円)	―	―	―	―	―
資本金	(千円)	21,996	121,994	171,991	452,808	452,808
発行済株式総数 普通株式 Ａ種優先株式 Ｂ種優先株式	(株)	 348,800 ― ―	 348,800 112,992 ―	 348,800 112,992 20,320	 348,800 112,992 134,450	 348,800 112,992 134,450
純資産額	(千円)	13,367	150,650	426,778	2,212,983	3,457,448
総資産額	(千円)	17,063	191,072	767,647	3,516,170	8,238,121
１株当たり純資産額	(円)	38.32	△106.86	262.98	38.63	74.31
１株当たり配当額 （１株当たり中間配当額）	(円)	― (―)	― (―)	― (―)	― (―)	― (―)
１株当たり当期純利益 又は１株当たり当期純損失 （△）	(円)	△58.51	△138.59	375.73	20.47	20.87
潜在株式調整後 １株当たり当期純利益	(円)	―	―	―	―	―

● 出典：EDINET閲覧サイト
(https://disclosure2dl.edinet-fsa.go.jp/searchdocument/pdf/S100Q9LC.pdf)

02 ＩＰＯの抽選に関するQ＆A

1 筆者のＩＰＯの当選確率は？

筆者と家族、家族全体のここ数年のＩＰＯの当選確率はこちら（下表）です。**当選確率1％ということは、ＩＰＯに１００回申し込んで1回当選します**。

２％なら１００回申し込んで2回当選。つまり、２％なら50回に1回当選しているということです。

この当選確率を高いと見るか低いと見るかは人それぞれですが、宝くじで一等7億円が当たる確率は、０・００００００５％、４等の10万円が当たる確率は０・０００００７％、５等の1万円が当たる確率は０・００１％になります。

● カブスル家の当選確率

参加者	2022年	2021年	2020年
家族全体	1.53%	1.05%	0.86%
カブスル	2.37%	1.44%	1.05%
妻	1.16%	0.92%	0.88%
子ども	0.41%	0.30%	0.41%

なお、宝くじは購入する必要がありますが、本書で紹介しているIPO投資は抽選で当選するまで購入する必要がありません。つまり、抽選で外れても一切損はしません。

この申込回数と当選回数は手動で記録しているわけではなく、**IPO管理帳ログイン版**を利用していると、自動で証券会社ごとに申込回数と当選回数をカウントし当選確率を求めてくれるので、非常に便利です。

2023年6月26日時点での当選回数と当選確率は下表の通りとなり、家族全体で2%の当選確率です。

2 証券会社ごとのIPOの当選確率は?

楽天証券が証券会社で唯一、IPOの当選確率を発表しています。

その他の証券会社では当選者の数はわかりますが、申込者の数がわからないので当選確率が算出できません。

● 申込回数と当選回数(IPO管理帳ログイン版)

当選、申し込み回数

表示年

2023年 2022年 2021年 2020年 2019年

2023年の各証券会社の 当選回数 / 申し込み回数 を表示しています。

証券会社	カブスル	妻	こども	計
申込回数(当選確率)	5 / 276 回 (1.81%)	8 / 238 回 (3.36%)	0 / 134 回 (0%)	13 / 648 回 (2%)
マネックス証券	1 / 22 回	0 / 21 回	0 / 21 回	1 / 64 回
SMBC日興証券	0 / 16 回	1 / 16 回	応募なし	1 / 32 回
大和コネクト証券	0 / 16 回	2 / 15 回	応募なし	2 / 31 回

なお、注目度の高いＩＰＯの場合、日経新聞などが独自の取材により応募倍率（当選確率）を発表する場合があります。

- **メルカリの応募倍率は50倍**
- **ＬＩＮＥの応募倍率は25倍**
- **ＪＲ九州の応募倍率は15倍**

当選確率については、よく聞かれる質問ですが、個人的にはさほど重視していません。

利益が出る可能性が高いＩＰＯが予定されている場合、その当選確率が10倍だろうが、５００倍だろうが個人的には申し込みます（結局は抽選運）。

なお、筆者独自の算出方法で６６６６倍の当選確率と推定されるＩＰＯに当選し、84万円の利益を得たことがあります。

これは何も考えずに応募したから当選したワケであって、最初にこの数値を知っていたら尻込みしてブックビルディングに参加していなかったかもしれません。

03 ＩＰＯ株の売却に関するＱ＆Ａ

1 上場日に初値がつかないことがあるの？

人気が高いＩＰＯ株は**上場日に初値がつかない**ことがあります。

上場日の気配値（けはいね）の上限価格は**公開価格の2・3倍**と決まっており、それを超える強い買い注文が入っていると上場日初日には初値がつかず、翌営業日以降に初値がつきます。

株式投資では、注文のバランスがどちらか一方に偏っていると「**特別気配**」になり、売買はストップし気配値の更新だけの値動きになります。

株価ボードで価格は変動しますが、売買は一切成立していません。

人気の高いＩＰＯ株の場合、買い注文が多くなるので、「**買いの特別気配**」となります。この気配値は、決まった間隔、決められた値幅（価格）で上下します。

ＩＰＯ株の上場日における気配値の上限価格は公開価格の２・３倍と決まっています。

この公開価格の２・３倍を超える価格より強い買い注文が入ると、上場日に初値がつかず、初値は翌営業日以降に持ち越されます。

２０２３年４月に上場したRidge-i（リッジアイ・５５７２）
公開価格　１，７５０円
上場日の気配値の上限価格　４，０２５円（公開価格の２・３倍）

上場日、気配値の上限価格である４０２５円になっても買い注文が強く入り、上場日初日に初値がつきませんでした。

初日は初値がつかず、上場２日目に４４４５円の初値をつけました。

このように、人気が高いＩＰＯ株では初日に初値がつかないＩＰＯが見受けられます。

ＩＰＯ当選者にとっては、公開価格より株価が上昇している証でもあり、嬉しい内容です。

2 上場日に初値が公開価格より上昇するか、下落するかを見分ける方法はある?

IPO株の初値が、公開価格を上回るのか、下回るのかは、8時~9時前の**株価ボード**を見るとわかります。

株価ボードは証券会社にログインすることで見ることができます。

株価ボードでは、上場前の買い注文と売り注文の価格と数量がわかり、売買が拮抗している気配値(初値がつくと思われる価格)が表示されます。

この気配値がIPO株の公開価格より高ければ、初値売りで利益が出る可能性が高く、気配値が公開価格よりも低ければ公募割れになる可能性が高くなります。

● マネックス証券のマーケットボード(株価ボード)

登録銘柄 | 保有銘柄 | 建玉銘柄 | 銘柄一

< Check | Twitter | IPO | 妻 | こども

銘柄	G−プロディライト 5580 東証	G−ノイルイミュー 4893 東証
指示	買 売 信	詳	買 売 信	詳
現値	→ 1,440	→ 740
前日比	0 0.00%	0 0.00%
出来高	—	—
始値	—	—
高値	—	—
安値	—	—
売気配	前 2,500	前 681
数量	91,000	230,800
買気配	前 2,499	前 680
数量	90,900	373,700

図はマネックス証券の上場日の8時45分のマーケットボードです。2023年6月に上場したプロディライト(5580)の場合、公開価格1,440円に対して気配値は2,500円となり、初値は公開価格を上回りそうです。一方、同日上場のノイルミューンバイオテック(4893)の場合、公開価格740円に対して気配値は681円となり、初値が公開価格を下回りそうだというのがわかります(実際の初値は695円)。

売買注文により気配値はリアルタイムに動くので、あくまでも初値の目安として見ておきましょう。

公募割れの気配値だったのに、上場1分前に買い注文が膨らみ、利益になるということもあります。

3 公募割れ時の初値の目安はある？

公募割れ時の初値（公開価格より低い価格）の目安もあります。

一般的に**誠意買い**と呼ばれている価格の下支えがあり、その価格が目安となります。

誠意買いとは、一言で説明すると引受価額によるシンジケートカバー取引のことです。ＩＰＯ投資で覚える必要はありませんが、仕組みだけ説明しておきます。

公開価格は私たちがＩＰＯ株を購入する価格ですが、一方、幹事証券が発行者（企業）または売出人から株式を買い取る価格のことを引受価額といいます。引受価額は公開価格の7～8％安くなっています。

次に、ＩＰＯは需要数が公募・売出の数量を超える場合がほとん

どです。

予定株数より応募が多い場合、主幹事証券が対象IPOの大株主などから**一時的に株券を借りて、公募・売出しと同一条件で追加的に投資家に販売**します。これを**オーバーアロットメント**といいます。

オーバーアロットメントでは一時的に株を借りるので、返済する必要があります。返済方法は下表の2通りです。

返済方法は、引受価額よりも株価が安ければ**シンジゲートカバー取引**が有利ですし、引受価額よりも株価が高ければ**グリーンシューオプション**が有利です。

2022年12月に上場したGENOVA（9341）の場合、公開価格は1800円で、引受価額は1656円でした。

次ページの図は上場日の8時42分のGENOVAの株価ボードです。「寄」とついている価格が売買の注文が拮抗している価格で初値の目安になります。

売り注文が多く公募割れの気配値でしたが、1656円の価格に31万4500株もの大量の買い注文が入っています。

この1656円という価格はGENOVAの引受価額です。

オーバーアロットメント取引の種類

用語	説明
シンジゲートカバー取引	・一定期間中に同一銘柄の株式等を市場から買い付ける取引のこと ・市場の株価が安いほどお得に買って返済できる！
グリーンシューオプション	・主幹事が引受価額で株券を調達できる権利を行使すること ・引受価額よりも市場の株価が高いときに行使すれば高値で買わずに返済できる！

そして、市場の株価が安い場合はシンジゲートカバー取引により買い戻すのが得策です。

この大きな買い注文が公募割れ時の初値の目安となります。

GENOVAの場合、公募割れはしましたが、初値は公開価格を2・2%下回る1760円の初値をつけました。

なお、公募割れするIPO株の多くは、この引受価額が初値の目安となりますが、シンジゲートカバー取引の数量以上の売り注文が出ている場合、さらに大きく価格が下落して初値がつく場合もあります。

● 上場日のGENOVAの株価ボード(マネックス証券より)

銘柄コード/銘柄名　9341 GENOVA-G　現値 (ウ 1,800.0) / (0.00%)/ (寄 -8.00%)　出来高

板　チャート　証金残　現買　現売　信用　☑自動板中心値　08:42:21.396718 / 5717　履歴

売累計	売件数	売引	売	値段		買	買引	買件数	買累計	出来高
	3,031		538,900	成行		26,600	100	41		
752,300	1,176	100	181,300	OVER▲		303,800	300	504	330,800	
570,900				1,665					330,800	
570,900				1,664					330,800	
570,900				1,663					330,800	
570,900				1,662					330,800	
570,900				1,661					330,800	
570,900				1,660		900		5	331,700	
570,900				1,659		200		2	331,900	
570,900				1,658		500		4	332,400	
570,900	1		200	1,657		1,700		12	334,100	
570,700	3		300	1,656	寄	314,500		22	648,600	
570,400	1		200	1,655		300		2	648,900	
570,200				1,654					648,900	
570,200				1,653					648,900	
570,200				1,652					648,900	
570,200				1,651					648,900	
570,200	2		400	1,650		6,700		11	655,600	
569,800				1,649					655,600	
569,800	46		30,900	▼UNDR		344,800		158	1,000,400	

04 その他のQ&A

1 ベンチャーキャピタル（VC）とは？

ベンチャーキャピタル（VC）は、未上場の企業に投資する投資会社です。

未上場企業に投資し、上場（株式公開）を目指します。投資により株式を取得・保有しているので、上場後に株式を売却することで大きな利益を得ることができます。

ベンチャーキャピタルは、スタートアップ企業にとって、出資をし事業に関するさまざまなアドバイスをしてくれる大切なパートナーです。

下図はANYCOLORの上場時の上位株主です。

●のついた株主がベンチャーキャピタルです。

株主名に「投資事業有限責任組合」と名称がついていることが多いです。

有望なスタートアップ企業の場合、上位株主にベンチャーキャピタルがずらっと並んでいることがあります。

創業したてのスタートアップ企業は事業資金が足りないので出資してくれるベンチャーキャピタルは大切なパートナーです。

一方、ベンチャーキャピ

● ANYCOLORの上位株主リスト（上場時の目論見書より）

氏名又は名称	住所	所有株式数（株）	株式(自己株式を除く。)の総数に対する所有株式数の割合(%)
谷郷　元昭（注１，３）		22,800,000	34.76
● AT-Ⅱ投資事業有限責任組合（注１）	東京都港区赤坂一丁目12番32号	10,338,500	15.76
若山　理子（注７）		5,968,900 (5,968,900)	9.10 (9.10)
バレー株式会社（注１，２）	東京都中央区銀座一丁目22番11号 銀座大竹ビジデンス２階	3,300,000	5.03
福田　一行（注１，４）		3,000,000	4.57
● みずほ成長支援第２号投資事業有限責任組合（注１）	東京都千代田区内幸町一丁目２番１号	2,129,900	3.25
● i-nest１号投資事業有限責任組合（注１）	東京都目黒区中目黒五丁目10番13号	2,032,000	3.10
● HAKUHODO DY FUTURE DESIGN FUND投資事業有限責任組合（注１）	東京都港区赤坂五丁目３番１号赤坂Bizタワー	2,032,000	3.10
● 千葉道場２号投資事業有限責任組合（注１）	東京都渋谷区桜丘町16番12号	1,625,000	2.48
● OLM１号投資事業有限責任組合（注１）	東京都世田谷区若林一丁目18番10号	1,535,900	2.34
伊藤　将雄（注１）		1,516,000	2.31
● Tokyo XR Startups株式会社	東京都新宿区西新宿四丁目34丁目７号住友不動産西新宿ビル５号館３階	1,422,000	2.17
林　隆弘		1,016,000	1.55
● DIMENSION投資事業有限責任組合	東京都港区虎ノ門一丁目17番１号	1,016,000	1.55
有限会社セコイア	東京都港区赤坂一丁目14番５号	1,016,000	1.55
● SMBCベンチャーキャピタル５号投資事業有限責任組合	東京都中央区八重洲一丁目３番４号	1,016,000	1.55
須田　仁之（注４）		900,000	1.37
● 千葉道場１号投資事業有限責任組合	東京都渋谷区桜丘町16番12号	564,900	0.86

●印がついた株主がベンチャーキャピタルです。個人名の住所は個人情報保護の観点よりぼかしてあります。

タルは、保有している大量の株式を売却し利益確定して、投資資金を回収する必要があります。

上場時に売出株として売却したり、上場後に市場内で売却を進めていきます。

ベンチャーキャピタルの売却は、売り圧力となるため、悪者扱いされることもありますが、きちんと利益を確定させることにより、その資金で新たなスタートアップ企業に投資することができます。

2 ロックアップとは?

ロックアップとは、上場日から一定期間、株式の売却に制限を設ける規制のことです。

創業者や従業員などの大株主、ベンチャーキャピタルや主幹事証券会社との間で、原則として株式等の新規発行や売却を行わないことについて合意します。

ロックアップは株式の売買を制限し、**公開直後の株価の下落を防ぎ、株価の安定化を図るため**に設けられています。

● ロックアップの種類

	任意ロックアップ	制度ロックアップ
概要	企業や投資家が自主的に取り決めたロックアップ	証券取引所や法律によって規定されたロックアップ
典型的な期間	90日間、180日間、360日間	6カ月、1年、継続所有
解除条件	期間経過、価格達成、他の条件など	期間経過、価格達成など

創業者や従業員から大量の売り注文が出ることはあまりなく、ロックアップで気をつけたいのは、リスクをとって投資した資金の回収に向かう**ベンチャーキャピタルやエンジェル投資家**の動きです。

ロックアップがかかっていない場合、上場日からすぐに保有株を売ることができるので、株価が上昇しづらくなります。

ロックアップは、法律で規定された「**制度ロックアップ**」と自主規制の「**任意ロックアップ**」があります（前ページ表）。

企業や投資家が自主的に取り決めた任意ロックアップでは、ロックアップ期間中であっても、公開価格の1・5倍以上でロックアップ解除（売却可能）という解除条件が盛り込まれている場合があります（下表）。

期間と価格の両方のロックアップ条件が設定されている場合、**期間か価格のどちらかの条件が達成されると、ロックアップが解除されます。**

ロックアップ解除後は、制限対象の株主が株式を売却することができるようになります。

● 任意ロックアップの種類

	期間ロックアップ	価格ロックアップ
概要	設定された期間中、株式の売却が禁止	株価が一定の水準に達した場合に解除
目的	株価の急激な変動を防ぐ	株価の目標達成を促進する
条件	上場日から 90日間、180日間など	株価が公開価格の1.5倍や2倍など
解除条件	期間経過後	設定された価格に達した場合

これにより、株式の供給量が増加し、ＩＰＯ株の株価下落に影響が出ることがあります。

ＩＰＯを行う企業の大株主にベンチャーキャピタルが多く、ロックアップが期間だけの場合、**ロックアップ期間終了後に、大量の売り注文が出る**場合があるので、特に注意が必要です。

下図はANYCOLORの上場後の株価推移です。株主にベンチャーキャピタルが多く、ロックアップ条件は１８０日間の期間ロックアップでした。ロックアップ期間の翌日から大量の売り注文が出て、株価は下落しました。

ただし、株価の変動は企業の業績や市場状況、需給など、さまざまな要因によって決まります。

ＩＰＯ株のロックアップ解除も、株価変動の要因のひとつでしかありません。

ANYCOLORも一時的に株価が下がったものの、好業績に支えられその後の株価は上昇に転じています。

● **ANYCOLOR（5032）の上場後の株価の推移**

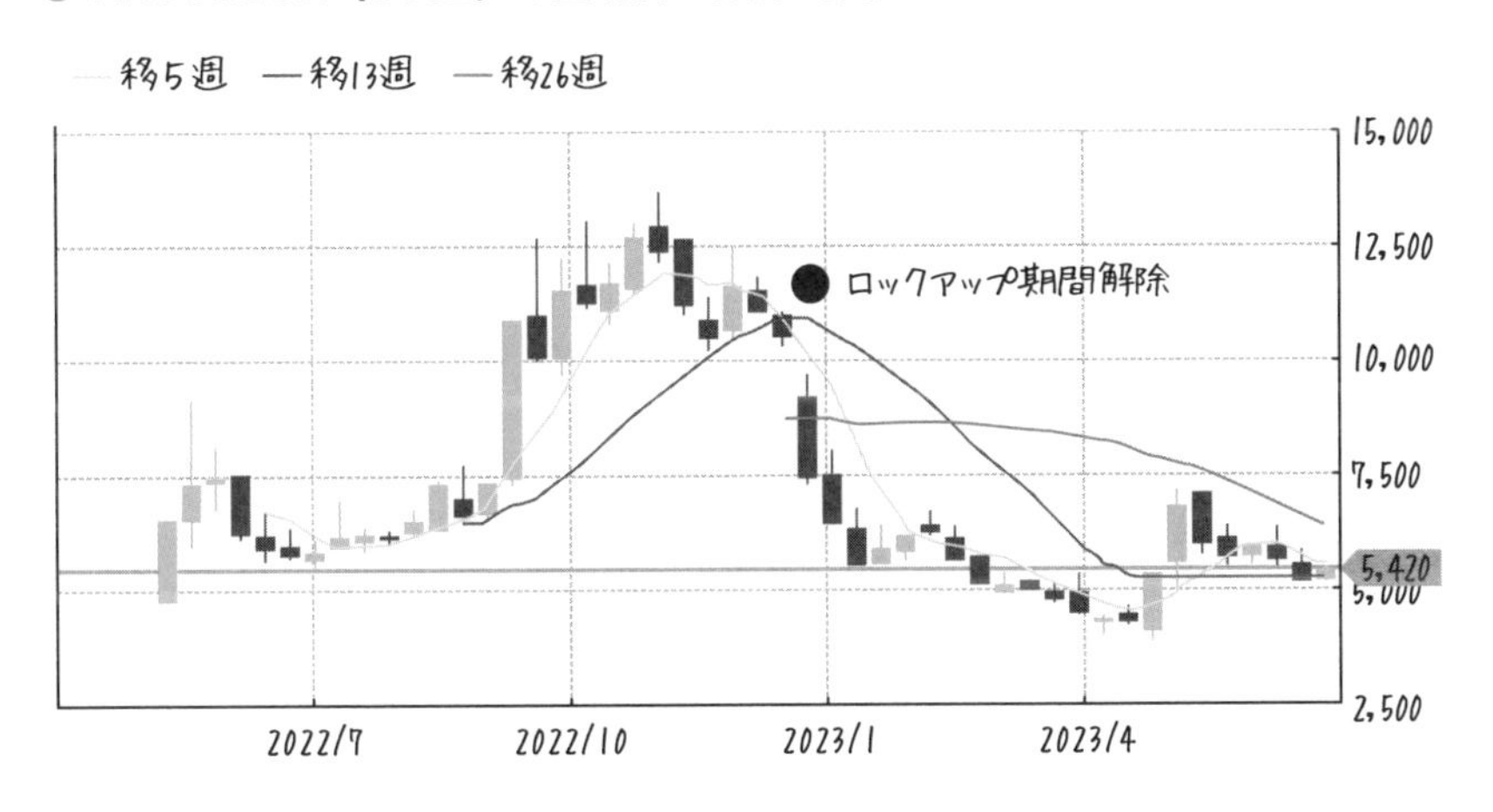

3 米国のＩＰＯには参加できるの？

ＩＰＯは日本だけでなく、米国や中国など各国であります。

ただし、残念ながら**日本国内在住の日本人が米国株のＩＰＯのブックビルディングに参加することはできません。**

米国のＩＰＯ株は本書で紹介しているプライマリー投資には参加できませんが、上場したあとにＩＰＯ株を売買するセカンダリー投資には参加できます。

マネックス証券やＳＢＩ証券、楽天証券は米国株の取り扱いにも力を入れています。上場日初日から米国のＩＰＯ株の売買も可能となります。

ただし、日本同様、上場後のＩＰＯ株は乱高下しやすいのでご注意を。

4 「ＰＯ」と「ＩＰＯ」は違うの？

一文字しか違わないので間違えやすいですが、ＰＯは本書で紹介しているＩＰＯと違います。

なお、どちらも資金調達が目的です。

IPO　Initial Public Offeringの略称。日本語で「新規公開株」
PO　Public Offeringの略称。日本語で「公募・売出」

IPO　未上場の企業が、新たに上場して資金調達を行う
PO　上場している企業が、市場から資金調達を行う

ＰＯにより公募または売出が行われる株は、市場価格より数％ディスカウントされた価格にて販売されます。つまり、通常より対象企業の株を安く購入できるのがＰＯのメリットになります。ただし、いくら安く購入できたとしても、ＰＯで取得した株価より、市場の株価が下がれば損失になります。

よって、ＰＯに参加する場合は「ＰＯは企業の成長に繋がるのか？　時期や目的など適切か？」などを判断する必要があります。

ＰＯについては本書では詳しく紹介しませんが、本書で勧めているＩＰＯ投資とは全くの別物です。筆者はＰＯの株価の値動きは読みづらく、参加していません。

5 「リートIPO」とIPOは違うの？

こちらもリートとつくIPOになり、たまに問合せがありますが、本書で紹介しているIPO投資とは別モノです。

リートとは不動産投資信託のことで、リートIPOとは**不動産投資信託のIPO**です。不動産中心の金融商品となっており、株価は不動産市場の相場の影響を受けやすいです。

株式のIPOとリートIPOの見分け方は2つです。

- **「投資法人」と、名称がついている**
- **1口単位で、ブックビルディング（抽選）に申し込む**

（例）SOSiLA物流リート投資法人（2979）

株式のIPOの申込単位は100株。間違って、100口で申し込まないようにご注意ください！　**リートIPOの結果は不動産市況次第です。**

また、本書で紹介しているIPO投資のように価格が大きく上昇するということもありません。

6 普段の情報収集はどうやっているの？

投資家さんによりそれぞれ違うと思いますが、私は主に次から情報を収集しています。

- 日経新聞（誌面／電子版）
- TV番組（日経モーニングプラス、モーサテ）
- Twitter

特にTwitterは短い時間で情報を収集するのに便利で、各ニュース系メディアはもちろんのこと、各種情報を積極的に発信してくれる個人をフォローして情報を得ています。

- ありゃりゃ（@aryarya）
- 官報ブログ（@kanpo_blog）
- 確認用（@news9111）

他にも、個人的に興味のあるスタートアップ系の情報を発信しているアカウントなどをフォローしています。

7 知名度の高いスタートアップ企業がなぜ公募割れになる?

知名度が高い企業のＩＰＯは初値にプラスの要素となりますが、それ以外の要素のマイナス点が多いと、初値は公開価格を下回る可能性があります。

例えば２０２２年11月に上場したベースフード（２９３６）は、完全栄養の主食を中心としたBASE FOODシリーズの開発と販売を行っており関東のコンビニ店頭にも並んでいます。

知名度は高かったですが、公開価格８００円に対して初値は７１０円をつけ、公募割れとなりました。その後も株価は下落を続け、２０２３年7月12日の終値は４４４円をつけています。

ベースフードの場合は、売上高が伸びている割に**経常損失が続いている**ことや黒字化への展望が見えづらいこと、**市場からの吸収金額**が58・9億円と大きく荷もたれ感があったこと、加えて上場市場の**グロース市場が軟調**であったことが初値にマイナスに働いたかと思います。

上場直後のＩＰＯ株は需給で株価が動き、**中期的には事業の将来性（期待値）**で株価が動きます。また、**長期的には業績をしっかり見られた株価**になっているように思います。

中期的に株価が下落しているということは、将来的なビジョン（黒字化へのロードマップ）を投資家に示せていないのかもしれません（※個人的な意見です）。

注目されているスタートアップでも、上場となり目論見書を見ると決算内容が想定より悪く、ガッカリといったパターンはまあまああるように感じます。

IPO投資の用語の解説

IPO	企業が上場し市場に株式を公開すること。また、その流れ。
IPO株	IPOによって公開される株のこと。
仮条件	IPO株の公開価格をいくらにするのか？を決める一時的な価格帯。
ブックビルディング	IPO株の需要申告を行うこと。また、その期間。
公開価格	IPO株を初めて売り出す際の1株あたりの価格。
公開株数	IPOにより公開される株式の数量。
抽選	ブックビルディング参加後、各証券会社の配分ルールにて抽選。
幹事証券	株式の売出しや公開価格の決定など上場プロセスをサポートする証券会社。
主幹事証券	IPOにおいてリーダー的な役割を担う証券会社。ブックビルディングを主導。
引受幹事証券	株式を引き受け、主幹事証券と協力し株式を市場に売り出す証券会社。
委託幹事証券	主幹事証券や引受幹事証券から委託されて販売する証券会社。
証券取引所	株式や債券などの証券が売買される市場。投資家は取引所を通じて売買可能に。
オファリングレシオ	IPOで企業が売り出す株式の割合を示す指標。
ロックアップ	IPO時に大株主や経営陣などに、売却しない取り決めを行うこと。
初値（はつね）	上場して取引所で初めて売買される最初の価格のこと。
公募割れ	初値が公開価格を下回ること。
騰落率（とうらくりつ）	株価の変動をパーセントで表したもの。
利益確定	含み益のある持ち株を売却して利益を確定させること。
損切り	含み損のある持ち株を売却して損失を確定させること。
出来高	取引された株式の総数。 株の流動性や人気を判断する指標の一つ。
気配値（けはいね）	株式市場で売買が成立する前の予想される取引価格。
引受価額	幹事証券が企業から引き受ける株式の価格のこと。
即金規制	売買が行われる株の取引を制限するルールのこと。
親引け（おやびけ）	IPOを行う企業がIPO株の販売先を指定すること。
寄り付き	株式市場で取引が始まる際に最初に成立する株価のこと。 IPOでは初値

あとがき

ＩＰＯ投資をはじめて18年。

ＩＰＯ投資について実体験を交えて詳しく紹介しているメディア「庶民のＩＰＯ」を２０１４年に開設してから、日々、初心者の疑問や質問に答えてきました。

いつか初心者向けにＩＰＯ投資の本を出してみようかな？　と思いつつも、日々の作業に追われ、子どもとの遊びに追われ、重い腰が上がらず。

そんなとき、ソーテック社さんから「ＩＰＯ投資の書籍を出してみませんか？」との連絡が。「書籍、書けるかな？」と思いつつも、ソーテック社さんの「世界一やさしいシリーズ」であることを聞き、やってみることに。

ＩＰＯ初心者の疑問に日々、答え続けていることにより、初心者が何を知りたくて何を難しいと感じているのかを多少なりとも理解しています。「庶民のＩＰＯ」には過去のＩＰＯの実績データが豊富にあり、データによる解説も可能。また、かわいいキャラクター達もいる。総合的に考えて、初心者に向けて世界一やさしくＩＰＯ投資の本を書けるのは私しかいないと奮起。

執筆時間は夕食後と週末。

周りの方に支えられ執筆を無事終えることができました。

- 執筆が初めての私に最大限のサポートをしてくれたソーテック社ご担当の大前さん
- 原稿の確認から、執筆のアドバイスまで何でもご相談あれの、ＦＩＲＥ投資家で現役書店員の、かつさんどさん（https://twitter.com/katsusandokatsu）
- 表紙のカバーイラストや文中にあるイラストを作成してくた、塩漬け姐さん（https://note.com/studiokabutori/）
- ４コマ漫画で手短にわかりやすいイラストを作成してくれた、河原ちょっとさん（https://www.kawahara-chotto.com/）
- 執筆活動に理解と協力を示してくれた株式会社イードのマネー事業部のみなさん
- 遊ぶのを少し我慢してくれた7歳の娘
- 執筆により忙しくなったわたしをサポートしてくれた妻

わたしの実体験によるＩＰＯ投資の説明と、ご担当者の構成力。そして、かわいいイラスト達により、手前味噌ながら分かりやすいＩＰＯ投資本ができたんじゃないかと思います。

こちらの書籍を手に取っていただいた方に、ＩＰＯ投資による利益がでることを願いつつ、あとがきを終えたいと思います。

購入して頂きありがとうございました。

カブスル

● 庶民のIPO
https://ipokabu.net

● お問い合わせはこちらより
https://ipokabu.net/pazz/book.html

ご利用前に必ずお読みください

本書は株式売買、投資の参考となる情報提供、技術解説を目的としています。株式売買、投資の意思決定、最終判断はご自身の責任において行ってください。

本書に掲載した情報に基づいた投資結果に関しましては、著者および株式会社ソーテック社はいかなる場合においても責任は負わないものとします。

また、本書は2023年7月現在の情報をもとに作成しています。掲載されている情報につきましては、ご利用時には変更されている場合もありますので、あらかじめご了承ください。

以上の注意事項をご承諾いただいたうえで、本書をご利用願います。
※ 本文中で紹介している会社名、製品名は各メーカーが権利を有する商標登録または商標です。なお、本書では、©、®、TMマークは割愛しています。

世界一やさしいIPO投資の教科書 1年生

2023年8月31日　初版第1刷発行

著　者　カブスル
装　幀　植竹裕
発行人　柳澤淳一
編集人　久保田賢二
発行所　株式会社ソーテック社
〒102-0072 東京都千代田区飯田橋4-9-5　スギタビル4F
電話：注文専用　03-3262-5320
FAX：　03-3262-5326
印刷所　図書印刷株式会社

ISBN978-4-8007-2118-1